dtv

portrait

Herausgegeben von Martin Sulzer-Reichel

Anja Höfer, geboren 1971 im Münsterland, studierte Germanistik und Philosophie in Heidelberg. Sie lebt dort als freie Journalistin und Rezitatorin.

Johann Wolfgang von Goethe

von Anja Höfer

Deutscher Taschenbuch Verlag

Weitere in der Reihe **dtv portrait** erschienene Titel
am Ende des Bandes

Für Stefan

Originalausgabe
März 1999
© Deutscher Taschenbuch Verlag GmbH & Co. KG, München
Umschlagkonzept: Balk & Brumshagen
Umschlagbild: Johann Wolfgang von Goethe. Gemälde (1828)
von Joseph Stieler (© AKG, Berlin)
Layout: Matias Möller, Agents – Producers – Editors, Overath
Satz: Matias Möller, Agents – Producers – Editors, Overath
Druck und Bindung: APPL, Wemding
Gedruckt auf säurefreiem, chlorfrei gebleichtem Papier
Printed in Germany ISBN 3-423-31015-4

Inhalt

1 Goethe in der römischen Campagna. Ausschnitt des Gemäldes von Johann Heinrich Wilhelm Tischbein, 1786–1788

»Die Konstellation war glücklich«

Kindheit und Jugend in Frankfurt

Der Säugling war – vermutlich durch Sauerstoffmangel – blau angelaufen und zeigte keine Lebenszeichen. Es kostete die Hebamme einige Anstrengungen, bis das Kind endlich die Augen aufschlug und die anwesende Großmutter ihrer Schwiegertochter erleichtert zurufen konnte: »Rätin, er lebt!« Am 28. August 1749 wurde Johann Wolfgang Goethe als erster Sohn von Johann Caspar Goethe und seiner Frau Catharina Elisabeth in der Freien Reichsstadt Frankfurt am Main geboren.

Fünf weitere Kinder gebar die Rätin Goethe, doch nur Johann Wolfgang und seine jüngere Schwester Cornelia überlebten das Kindesalter. Bei der Geburt des ersten Kindes war die Mutter gerade 18 Jahre alt, ein Jahr zuvor hatte sie den um 21 Jahre älteren Johann Caspar Goethe geheiratet – eine Verbindung, die wie viele der Zeit mehr auf standesbedingtem Kalkül als auf tiefer Zuneigung beruhte.

Der Vater Johann Caspars, Friedrich Georg Göthé, wie er sich modisch französisierend nannte, stammte aus dem Thüringischen. Nach einer Schneiderlehre und einem längeren Aufenthalt in Frankreich, das er als Protestant nach der Aufhebung des Toleranzedikts von Nantes 1685 verlassen mußte, hatte er sich in Frankfurt niedergelassen. Als Schneider für wohlhabende Damen brachte er es zu einem beträchtlichen Vermögen, das sich noch vermehrte, als er 1705, nach dem Tod seiner ersten Frau, die Witwe Cornelia Schellhorn heiratete, der eines der vornehmsten Gast-

2 Goethes Geburtshaus am Großen Hirschgraben in Frankfurt

3 Johann Caspar Goethe (1710–1782), der Vater. Relief von Johann Peter Melchior, 1779

häuser Frankfurts, der Weidenhof, gehörte. Göthé wurde Gastronom und betrieb nebenher einen florierenden Weinhandel.

Von der Geschäftstüchtigkeit des Vaters, der ein Erbe im Wert von rund 90 000 Gulden hinterließ, profitierte Johann Caspar Goethe ein Leben lang. Auf elterlichen Wunsch – und nicht eben üblich für einen Handwerkersohn – studierte er zunächst Rechtswissenschaften in Leipzig und Gießen, wo er 1738 mit einer Arbeit zum deutschen und römischen Erbrecht promovierte. Eine zweijährige Kavalierstour führte ihn durch Italien, über die er später seinen ›Viaggio per l'Italia‹, einen ausführlichen Reisebericht in italienischer Sprache, verfaßte. Nach seiner Rückkehr im Jahr 1741 bemühte sich Johann Caspar Goethe erfolglos um ein Amt in der Frankfurter Stadtverwaltung. Was ihm auf dem herkömmlichen Wege versagt blieb, erkaufte er sich kurzerhand: Für 313 Gulden und 30 Kreuzer – eine beachtliche Summe, wenn man bedenkt, daß das Jahreseinkommen eines Tagelöhners bei etwa 100 Gulden lag – verlieh ihm der soeben gewählte, in Frankfurt residierende Kaiser Karl VII. den Titel eines »Würcklichen Kayserlichen Raths«. Dieses Eintrittsbillett in die oberste Schicht der Frankfurter Gesellschaft verwehrte Johann Caspar Goethe gleichzeitig jegliche Tätigkeit im Magistrat. Hochdekoriert, aber ohne öffentliche Verpflichtungen zog er sich mit 32 Jahren als Privatier zurück, widmete sich der Verwaltung seines Vermögens und pflegte sei-

Über das **Verhältnis zu seinem Vater** hat sich Goethe in seinen Selbstzeugnissen kaum oder nur vage geäußert. Gegenüber der gelegentlich überzeichneten Darstellung des Vaters als eines äußerst reizbaren und starrsinnigen Pedanten in ›Dichtung und Wahrheit‹ steht die Tatsache, daß Johann Caspar Goethe die Talente seines Sohnes früh erkannte und sie mit viel Liebe und Aufmerksamkeit förderte. Nicht zuletzt dem Einfluß des Vaters verdankte Goethe seine eigene strenge Selbstdisziplin, »des Lebens ernstes Führen«.

4 Catharina Elisabeth Goethe (1731–1808), die Mutter. Relief von Johann Peter Melchior, 1779

ne vielfältigen persönlichen Interessen: Neben einer umfangreichen Sammlung von Gemälden, Skulpturen und Naturalien richtete er eine rund 1700 Bände umfassende Bibliothek ein – ein Wissensschatz, aus dem sich auch der junge Goethe bald reichlich bediente; zu den prägenden Lektüreerfahrungen seiner Kindheit zählte er später unter anderem Defoes ›Robinson Crusoe‹, Schnabels utopischen Roman über ›Die Insel Felsenburg‹, Fénelons ›Telemach‹ und Ovids ›Metamorphosen‹.

Johann Caspar Goethe war, folgt man den Schilderungen des Sohnes, von sehr ernsthafter und trockener Gemütsart. Er besaß einen gewissen Hang zur Melancholie und Hypochondrie, und hier mag der Grund für seine ungeheure Selbstdisziplin gelegen haben. Streng und gewissenhaft, bisweilen pedantisch, ging er seinen Geschäften nach und forderte dies auch von den Personen seines Umkreises. Dennoch entsprach er kaum dem Bild eines kauzigen Eigenbrötlers; Goethe selbst berichtet auch von der offenen, weltgewandten Seite seines Vaters: »Mein Vater mochte sich auf Reisen und in der freien Welt, die er gesehen, von einer elegantern und liberalern Lebensweise einen Begriff gemacht haben, als sie vielleicht unter seinen Mitbürgern gewöhnlich war.« (›Dichtung und Wahrheit‹, im folgenden als DuW).

Goethes Mutter entstammte väterlicherseits der fränkischen Gelehrten- und Juristenfamilie Textor, die in der Mitte des 17. Jahrhunderts nach Frankfurt gekommen war. Ihr Vater Johann Wolf-

Goethe über die Bibliothek des Vaters:
... da ich gar bald die Ovidischen ›Verwandlungen‹ gewahr wurde, und besonders die ersten Bücher fleißig studierte: so war mein junges Gehirn schnell genug mit einer Masse von Bildern und Begebenheiten angefüllt, und ich konnte niemals Langeweile haben, indem ich mich immerfort beschäftigte, diesen Erwerb zu verarbeiten, zu wiederholen, wieder hervorzubringen.

DuW

gang Textor bekleidete seit 1747 als Schultheiß das höchste Amt im Frankfurter Magistrat; als Stellvertreter des Kaisers in der reichsunmittelbaren Stadt zählte er zu den angesehensten und einflußreichsten Persönlichkeiten Frankfurts. Catharina Elisabeth war die älteste von vier Geschwistern, drei Töchtern und einem Sohn. Daß der Vater wenig Mühen auf die Bildung seiner Töchter verwandte, belegt die auch nach damaligen Maßstäben abenteuerliche Orthographie der Rätin Goethe, die in ihren zahlreichen Briefen an den Sohn erhalten ist. Fünfundfünfzigjährig schreibt sie Goethe nach Italien: »Mein Leben fließt still dahin wie ein klahrer Bach … so ruhig mein Cörpper ist; so thätig ist das was in mir denckt – da kan ich so einen gantzen geschlagenen Tag gantz alleine zubringen, erstaune daß es Abend ist, und bin vergnügt wie eine Göttin – und mehr als vergnügt und zufrieden seyn, braucht mann doch wohl in dieser Welt nicht.«

Dieser Maxime blieb Catharina Elisabeth Goethe ihr Leben lang treu. Wegen ihrer »Fabulierlust« und ihrer manchmal etwas ungeschliffenen, extrovertierten Art galt sie unter Zeitgenossen bald als Original. Viele – darunter Bettina Brentano – suchten später die Mutter des berühmten Dichters auf, um ihr Anekdoten über den Sohn zu entlocken, die sie bereitwillig und nicht ohne Stolz auf ihren »Hätschelhans« preisgab. Nach dem Tod ihres Mannes im Jahr 1782 lebte sie noch 26 Jahre allein, aber immer »vergnügt« in Frankfurt. Mit lebhaftem Interesse verfolgte sie den wachsenden Ruhm des Sohnes, der seinerseits jedoch den Kontakt zum Elternhaus immer mehr einschränkte. Nur noch viermal kam er nach seinem Fortgang nach Weimar im Jahr 1776 zu Besuch.

Zu seinen Altersgenossen hatte Wolfgang, der schon als Kind, wie Bettina Brentano vermerkte, »gravitätisch einherschritt« und wohl auch etwas altklug wirken mochte, ein problematisches Verhältnis. Um so inniger entwickelte sich die Beziehung zu seiner um ein Jahr jüngeren Schwester Cornelia. Sie hatte nichts

5 Cornelia Goethe (1750–1777), Rötelzeichnung von J. L. E. Morgenstern, um 1772

von der sinnlichen Frohnatur der Mutter, neigte früh zum Trübsinn, war scheu und verschlossen, im Umgang oft von einer nervösen Unsicherheit und Gefühlskälte. Mit dem Bruder verband sie ein tiefes wechselseitiges Vertrauen. Noch im Studium galten ihr seine längsten, auch intimsten Briefe, und mit einiger Eifersucht reagierte Goethe, als er von der geplanten Hochzeit Cornelias mit einem Freund der Familie erfuhr, dem um elf Jahre älteren Juristen Johann Georg Schlosser. Die 1773 geschlossene Ehe, die das Paar zunächst nach Karlsruhe, dann nach Emmendingen führte, war unglücklich. Cornelia, von der Goethe später einmal sagte, sie wäre »als Äbtissin in einem Kloster recht eigentlich an ihrem Platze gewesen«, konnte sich nur schwer in ihre neuen häuslichen Pflichten finden. Sie kränkelte und litt mehr und mehr an der Unfähigkeit, ihrem Mann ein Gefühl der Zuneigung entgegenzubringen. Schlosser war überzeugt, daß sie vor allem die Liebe zum Bruder daran hinderte. Cornelia starb, erst sechsundzwanzigjährig, bei der Geburt ihrer zweiten Tochter.

Die Freie Reichsstadt Frankfurt, in der die Geschwister Goethe aufwuchsen, war mit ihren engen, verwinkelten Häusern, umschlossen von alten Stadtmauern, noch stark mittelalterlich geprägt, hatte sich jedoch eine gewisse Weltläufigkeit erworben. Durch die vorteilhafte Verkehrslage an der Kreuzung einiger der wichtigsten Geschäftsstraßen Europas war die 30 000 Einwohner zählende Stadt zu einer wohlhabenden Handelsmetropole aufgestiegen, repräsentiert von einem selbstbewußten Bürgertum, das vor allem aus Handwerkern, Kaufleuten und Bankiers bestand. Die herrschende Konfession war nach dem gerade 100 Jahre zurückliegenden Dreißigjährigen Krieg der Protestantismus geblieben; auch Goethes Familie war lutherisch.

Die ›Goldene Bulle‹ von 1356 hatte Frankfurt zum Ort der Wahl des Königs des Deutschen Reiches bestimmt, und seit 1562 fanden auch die Zeremonien der Kaiserkrönung hier statt.

Goethe über seine Schwester:
Die Züge ihres Gesichts, weder bedeutend noch schön, sprachen von einem Wesen, das weder mit sich einig war, noch werden konnte. Ihre Augen waren nicht die schönsten, die ich jemals sah, aber die tiefsten, hinter denen man am meisten erwartete, und, wenn sie irgend eine Neigung, eine Liebe ausdrückten, einen Glanz hatten ohnegleichen.

DuW

6 Das Krönungsmahl im Römer für Kaiser Joseph II. im Jahr 1764. Gemälde von Martin van Meytens

Goethe erlebte als Vierzehnjähriger das pompöse Spektakel der Krönung Josephs II. zum deutschen König, das die Stadt über mehrere Wochen in einen feierlichen Ausnahmezustand versetzte. Zweimal im Jahr, im Frühling und Herbst, wurden zudem unter internationaler Beteiligung die großen Handelsmessen veranstaltet, deren geschäftiges Gewimmel in den engen Gassen der Stadt Goethe als Kind besonders anzog.

Goethes Elternhaus am Großen Hirschgraben, dem alten Stadtgraben, befand sich am Rand der Altstadt, nur wenige hundert Meter westlich vom Römerberg. Die Großmutter Cornelia Goethe hatte es als Witwe erworben und lebte dort mit der Familie des Sohnes bis zu ihrem Tod 1754. Im darauffolgenden Jahr ließ Johann Caspar Goethe das dunkle, verwinkelte Haus aufwendig umbauen und erweitern. Über der Eingangstür wurde ein Wappen mit drei Leiern angebracht, das den Hausherrn als Freund der Musen ausweisen sollte. Das großzügige Treppenhaus führte drei Stockwerke hinauf, deren oberstes Goethe bewohnte und von dem aus er einen weiten Blick über die Stadt genoß. Im zweiten Stock befand sich neben den Räumen der Schwester Cornelia und der Bibliothek auch das Studierzimmer, in dem die Kinder zunächst vom Vater, dann von Privatlehrern unterrichtet wurden.

Goethe über die Frankfurter Messe: Eine durch Erbauung so vieler Buden innerhalb der Stadt in weniger Zeit entspringende neue Stadt, das Wogen und Treiben, das Abladen und Auspacken der Waren erregte von den ersten Momenten des Bewußtseins an eine unbezwinglich tätige Neugierde und ein unbegrenztes Verlangen nach kindischem Besitz, das der Knabe mit wachsenden Jahren, bald auf diese bald auf jene Weise, wie es die Kräfte seines kleinen Beutels erlauben wollten, zu befriedigen suchte. *DuW*

Nur ein knappes Jahr, während des Hausumbaus, besuchte Goethe eine öffentliche Schule, in der er als Fünfjähriger Elementarunterricht im Lesen, Schreiben und Rechnen erhielt. Danach übernahm der Vater, »überhaupt lehrhafter Natur« und mißtrauisch gegenüber den Bildungseinrichtungen der Stadt, selbst die Erziehung seiner Kinder. Der Unterricht folgte keinem strengen Lehrplan. Etwas bunt und unsystematisch bediente er sich der vorhandenen Lehrbücher, Atlanten und Kompendien seiner Bibliothek und führte die Geschwister in die Grundzüge des Lateinischen und Italienischen ein. Wolfgang besaß eine rasche Auffassungsgabe, und bald wurden mehrere Hauslehrer engagiert, die neben den alten Sprachen – Griechisch, Latein und Hebräisch – auch Englisch und Französisch sowie einige naturwissenschaftliche Disziplinen unterrichteten. Später kamen Reiten und Fechten, schließlich auch musische Fächer hinzu: Ein Zeichenmeister lehrte Portrait- und Landschaftszeichnung, zum etwas unbeholfenen Flötenspiel des Vaters übten die Geschwister Tanzschritte ein, und für den Klavierunterricht wurde – nachdem Goethe 1763 das siebenjährige Wunderkind Mozart auf einem Konzert in Frankfurt erlebt hatte – ein großer Flügel angeschafft.

Einen wichtigen Platz im Erziehungsprogramm des lutherisch gesinnten Vaters nahm die religiöse Unterweisung ein. Die Texte des Alten und Neuen Testaments waren Goethe durch die tägli-

7 Blick auf Sachsenhausen. Gemälde von Friedrich Wilhelm Hirt, 1757

che Bibellektüre im Kreis der Familie und den regelmäßigen Kirchgang früh vertraut – mit kindlichem Eifer verwandte er eine Zeitlang sein ausgezeichnetes Gedächtnis darauf, die sonntäglichen Kanzelpredigten wortgetreu auswendig zu lernen. In der zeitgenössischen Literatur begegnete Goethe eine Fülle von Bearbeitungen alt- und neutestamentlicher Stoffe. Mit besonderer Faszination, die durch den Reiz des Verbotenen noch verstärkt wurde, verschlangen der Sechsjährige und seine Schwester heimlich Klopstocks soeben erschienenes Epos ›Der Messias‹, dessen Lektüre der Vater untersagt hatte, weil es nicht in Reimen geschrieben war und damit, wie er meinte, gegen elementare poetische Regeln verstieß. Die dichterische Aneignung biblischer Gestalten und Geschichten war es auch, die Goethe selbst zu ersten poetischen Versuchen anregte. 1763 schrieb er ein umfangreiches Josephsepos, das er mit einigen anderen frühen Proben seines Talents – darunter eine sechzehnstrophige Ode »zur Feier der Höllenfahrt Jesu Christi« – zu »einem artigen Quartband« unter dem Titel ›Vermischte Gedichte‹ (DuW) zusammenfaßte.

Eine erste religiöse Erschütterung, die ihn angeblich bereits im Kindesalter an der Allmacht und Güte Gottes zweifeln ließ, erlebte Goethe im Jahr 1755 durch das Erdbeben von Lissabon, bei dem zwei Drittel der Stadt völlig zerstört und mehrere zehntausend Menschen qualvoll getötet wurden: »Der Knabe … war nicht wenig betroffen. Gott, der Schöpfer und Erhalter Himmels und der Erden, den ihm die Erklärung des ersten Glaubensartikels so gnädig vorstellte, hatte sich, indem er die Gerechten mit den Ungerechten gleichem Verderben preisgab, keineswegs väterlich bewiesen. Vergebens suchte das junge Gemüt sich gegen diese Eindrücke herzustellen, welches überhaupt um so weniger möglich war, als die Weisen und Schriftgelehrten selbst sich über die Art, wie man ein solches Phänomen anzusehen habe, nicht vereinigen konnten.« (DuW). Goethe blieb auch später bei

1756 Beginn des **Siebenjährigen Krieges** zwischen Preußen und Österreich um Schlesien durch Einmarsch des mit Großbritannien verbündeten Friedrich des Großen in Kursachsen. Nach anfänglichen Siegen über die mit Frankreich und Rußland verbündeten Österreicher verschlechtert sich die militärische Lage Preußens. Erst nach dem Tod der Zarin Elisabeth im Januar **1762** kann Preußen mit Peter III. einen Separatfrieden schließen. Als Maria Theresia sich der Gefahr ausgesetzt sieht, ihre Verbündeten zu verlieren und damit eine Rückgewinnung Schlesiens unmöglich erscheint, kommt es im Februar **1763** zum Friedensvertrag von Hubertusburg.

seinen Zweifeln; von allen orthodoxen Glaubensformen hielt er sich – obwohl er auf dem Papier Protestant blieb – zeitlebens fern.

Für einige politische Turbulenzen in seinen sonst ruhigen und wohlbehüteten Kindheitsjahren sorgte der Ausbruch des Siebenjährigen Krieges im Jahr 1756, provoziert durch Preußens Einmarsch in das mit Österreich verbündete Sachsen. Das Frankfurter Bürgertum spaltete sich in zwei Lager, und auch innerhalb der Familie Goethes kam es zu empfindlichen Verstimmungen zwischen dem kaisertreuen Großvater Textor und seinem Schwiegersohn Johann Caspar, der sich als glühender Anhänger Friedrichs des Großen zeigte. Die Streitigkeiten spitzten sich zu, als die auf Seiten der habsburgischen Kaiserin Maria Theresia kämpfenden Franzosen am Neujahrstag 1759 Frankfurt besetzten und sich für die folgenden vier Jahre in der Stadt einquartierten. Nur höchst widerwillig und unter lautstarken Unmutsbekundungen räumte Johann Caspar Goethe einige Zimmer seines frisch renovierten Hauses für den obersten französischen Offizier und Leiter der Zivilverwaltung, Graf François de Thoranc. Im Gegensatz zu seinem grollenden Vater freundete sich der junge Goethe schnell mit dem eleganten, kunstbeflissenen Mann an. Thoranc begeisterte sich für die in Frankfurt und Umgebung ansässigen Maler und

8 Familie Goethe in Schäfertracht. Gemälde von Johann Conrad Seekatz, 1762

beauftragte sie bereits kurz nach seiner Ankunft, einige große Wandgemälde für ein Privatanwesen in Frankreich zu gestalten. Ein Mansardenzimmer diente als Atelier, und im Haus entfaltete sich ein reger Kunstbetrieb, den der Zehnjährige interessiert, gelegentlich auch mit Kommentaren zu Motiv und Ausführung der Bilder, verfolgte.

Seine besondere Leidenschaft galt in dieser Zeit jedoch einer französischen Schauspieltruppe, die im Troß der Soldaten mitgereist war und regelmäßige Vorstellungen gab. Großvater Textor schenkte dem Enkel – zum Verdruß des Vaters – ein Freibillett, von dem er fast täglich Gebrauch machte. Goethes Faszination für das Theater, auch ein gewisses dramatisches Gespür waren schon früh durch das Spiel mit einem Puppentheater geweckt worden, das in seinem Roman ›Wilhelm Meisters theatralische Sendung‹ wiederkehren wird. Hier nun, auf der Bühne der fahrenden Truppe, lernte Goethe die bekanntesten Werke der zeitgenössischen französischen Dramenkunst kennen: Er sah die Komödien von Marivaux und Molière und begann bald nach dem Vorbild der in noch recht steifer Manier agierenden Schauspieler die Tragödien Racines zu deklamieren »wie ein eingelernter Sprechvogel« (DuW). Neugierig erkundete er auch die Welt hinter den Kulissen, lauschte dem Schauspielerklatsch, den Eitelkeiten und Eifersüchteleien, die er dann in der ›Theatralischen Sendung‹ so plastisch schildern wird. Für die Truppe verfaßte er eigens ein kleines Drama im französischen Stil, das zu seiner großen Enttäuschung jedoch nicht zur Aufführung kam. Goethe ließ sich freilich nicht entmutigen. In den frühen sechziger Jahren entstand eine Reihe von Gedichten, Stammbuchversen und Prosastücken, die allesamt keine Geniestreiche waren, aber doch von einer außergewöhnlichen dichterischen Begabung zeugten. Das meiste davon fiel später allerdings seiner strengen Selbstkritik zum Opfer und ist nicht erhalten.

Goethe über seine frühen Zukunftspläne:
Was mich betrifft, so hatte ich auch wohl im Sinne, etwas Außerordentliches hervorzubringen; worin es aber bestehen könne, wollte mir nicht deutlich werden. Wie man jedoch eher an den Lohn denkt, den man erhalten möchte, als an das Verdienst, das man sich erwerben sollte, so leugne ich nicht, daß, wenn ich an ein wünschenswertes Glück dachte, dieses mir am reizendsten in der Gestalt des Lorbeerkranzes erschien, der den Dichter zu zieren geflochten ist. *DuW*

»Mein Gehirn ist in Unordnung«
Leipziger Studienjahre

Von den Plänen des sechzehnjährigen Wolfgang, den es zum Studium der klassischen Philologie und Geschichte nach Göttingen zog, zeigte sich der Vater wenig begeistert. Energisch und ohne langen Disput bestimmte er, daß der Sohn den gleichen Lebensweg wie er selbst einschlagen möge: Am 3. Oktober 1765 traf Goethe in Leipzig ein, um das Studium der Rechte aufzunehmen.

»Klein Paris« wurde Leipzig unter Zeitgenossen halb scherzhaft, halb bewundernd genannt, und in der Tat bildete die hier herrschende mondäne Atmosphäre eine Gegenwelt zu der traditionsbewußten alten Reichsstadt am Main. Schon im Stadtbild präsentierte sich Leipzig deutlich moderner und weitläufiger als das altertümlich-verwinkelte Frankfurt: Auf breiten Alleen wurde ausgiebig flaniert, imposante Bürgerhäuser säumten die großzügig angelegten Plätze, und jenseits der alten Stadtbefestigung dehnten sich neue, reich begrünte Vororte aus. Leipzig war keine Freie Stadt wie Frankfurt. Dennoch hatte sich auch hier – in einiger Entfernung zur sächsischen Residenzstadt Dresden, die den

9 Die Promenade in Leipzig. Nach einem Stich von J. A. Rosmaesler, 1777

höfischen Prunk pflegte – ein wohlhabendes Wirtschaftsbürgertum etabliert, das neben den Universitätsprofessoren zur führenden gesellschaftlichen Schicht zählte. Als bedeutende Geschäftsmetropole an der europäischen Ost-West-Achse veranstaltete die Stadt dreimal jährlich ihre Messen; berühmt war Leipzig vor allem für sein modernes Druckerei- und Verlagswesen.

Einen glänzenden Ruf genoß die Universität, von der seit Beginn des Jahrhunderts wichtige Impulse der Aufklärungsbewegung ausgegangen waren. Christian Wolff, ein Schüler von Gottfried Wilhelm Leibniz und der bedeutendste philosophische Kopf der deutschen Hochaufklärung, hatte in Leipzig als Privatdozent gewirkt; in seiner Tradition lehrte noch zu Goethes Zeit der bejahrte Literaturpapst Johann Christoph Gottsched, Begründer einer streng rationalistischen Regelpoetik, dessen 1730 erschienener ›Versuch einer Critischen Dichtkunst‹ den literarischen Zeitgeschmack weithin dominierte.

So sehr Leipzig seine selbstbewußte Unabhängigkeit vom Dresdener Hof pflegte, orientierte es sich doch maßgeblich an den Mustern einer vom Geist des Rokoko geprägten Adelskultur: Man wollte »à la mode« sein, legte Wert auf galanten, schicklichen Umgang und besonders auf elegante Kleidung. Goethe spürte dies allzu deutlich, als man ihn gleich nach der Ankunft wegen seiner etwas antiquierten Garderobe verpottete, die der sparsame Vater von einem im Schneiderhandwerk dilettierenden Diener hatte anfertigen lassen. »Das erste, was die Frauen an mir tadelten, bezog sich auf die Kleidung; denn ich war vom Hause freilich etwas wunderlich equipiert auf die Akademie gelangt.« (DuW). Goethe, eifrig bemüht, ebenfalls »große Figur zu machen«, ließ sich neue Kleider schneidern, bewies dabei allerdings auch selbst keine besonders glückliche Hand.

Mit dem Eintritt in die galante Welt hatte Goethe seine Schwierigkeiten, zumal man sich hier über sein stark frankfurterisch ge-

---

Von unserm Goethe zu reden! – der ist noch immer der stolze Phantast, der er war als ich herkam. Wenn Du ihn nur sähst, Du würdest entweder vor Zorn rasend werden, oder vor Lachen bersten müssen. ... Alle seine Sitten und sein jetziges Betragen sind Himmel weit von seiner vorigen Aufführung unterschieden. Er ist bei seinem Stolze auch ein Stutzer, und alle seine Kleider, so schön sie auch sind, sind von so einem närrischen Gout, der ihn auf der ganzen Akademie auszeichnet.

Johann Adam Horn an den gemeinsamen Freund Karl Ludwig Moors

färbtes Idiom mokierte. Die nötige Nachhilfe in den feineren Umgangsformen, zu denen auch das Kartenspiel gehörte, erhielt er bei der kultivierten Professorengattin Madame Böhme. Ihrem Mann, dem Staatsrechtler Johann Gottlob Böhme, hatte sich der junge Student durch ein Schreiben des Vaters empfohlen. Das Verhältnis zu Böhme kühlte sich jedoch schon bald nach der freundlichen Aufnahme ab, da Goethe dem Professor offenherzig bekundete, er wolle sich lieber der Philologie und poetischen Praxis als der Jurisprudenz widmen. Die Schimpftirade, mit der Böhme daraufhin die Schönen Wissenschaften als nutzlosen Tand geißelte, bewegte Goethe zumindest vorläufig zur Aufgabe seines Plans.

Pflichtschuldig und nur mit sehr gebremstem Eifer besuchte er die juristischen Kollegien, die ihn freilich schon nach kurzer Zeit langweilten, da sie kaum mehr vermitteln konnten, als ihm bereits durch die intensive Studienvorbereitung mit dem Vater vertraut war. Seine deutlich größere Aufmerksamkeit galt daher den Poetik-Vorlesungen des seit 1745 in Leipzig lehrenden Christian Fürchtegott Gellert, zu deren Besuch der väterliche Studienberater Böhme, wenn auch zähneknirschend, seine Einwilligung gegeben hatte.

Mit Gellert hatte die Sphäre des Häuslich-Privaten Einzug in die Literatur gehalten; als »wahre Familiengemälde« bezeichnete Lessing – auch er ein Leipziger Schüler Gellerts – dessen empfindsam-moralisierende Dramen, die der Lebenswelt des bürgerlichen Publikums weitaus mehr entsprachen als die rationalistische Strenge eines an höfischen Vorbildern orientierten Theaters. Nicht nur der »Besserung des Verstandes« oder des »Witzes«, wie es in der Sprache der Aufklärer hieß, sondern auch der Herzensbildung sollte die Literatur dienen, und streng wurde zwischen »guten« und »verderblichen« Büchern geschieden. In seiner Vorlesung formulierte Gellert präzise Lektürevorschriften,

10 **Christian Fürchtegott Gellert** (1715–1769), deutscher Schriftsteller, seit 1751 Professor für Philosophie und Stilkunde an der Universität Leipzig. In seinen 1746/1748 erschienenen ›Fabeln und Erzählungen‹ wird das Gedankengut der Frühaufklärung in einer gefälligen, populären Form dargeboten. Sein Roman ›Leben der Schwedischen Gräfin von G***‹ von 1747/1748 gilt als Wegbereiter für die Werke der Empfindsamkeit und des Sturm und Drang.

die der junge Goethe, darin bereits ähnlich lehrhaft wie sein Vater, eifrig an die Schwester weitergab: »Manchmahl werde ich Stücke aussuchen, und dein Urteil darüber erforschen. Dieses ist besser und nützlicher als wenn du 20 Romanen gelesen hättest. Diese verbiete ich dir hiermit völlig, den einzigen Grandison ausgenommen … So kannst du auch die beyden Magazinen der Fr v. Beaumont lesen sie sind sehr gut. … Im Ital[ienischen] den Pastor fido … Ferner Epistole di Cicerone. Der Papa hat sie. Wenn du Tassos Gerusaleme lib[erata] verstehst, lese sie auch. … sonst ließ italienisch was du willst, nur den Decameron vom Boccaccio nicht. Französisch nim Les Lettres de Pline. Von den Comödien des Moliere will ich dir einen Auszug machen.« Seitenlang repetierte Goethe der Schwester das bei Gellert Gelernte, darunter auch dessen Anleitungen zu einem natürlichen Briefstil: »Mercke diß; schreibe nur wie du reden würdest, und so wirst du einen guten Brief schreiben.«

Goethe selbst befolgte diesen Rat nur allzu wörtlich. Munter parlierte er in seinen Leipziger Briefen über alles, was ihm gerade in den Sinn kam, vollführte kühne Gedankensprünge, fügte unvermittelt einige Verse ein und verwendete bereits jene berühmten Ellipsen, die später den Werther-Stil kennzeichnen sollten. Zur fremdsprachlichen Übung schrieb er ganze Briefe in Englisch und Französisch, vermischte bisweilen auch – mit komischem Effekt – die Sprachen miteinander: »Any words of my self. Sister I am a foolish boy. Thou knowst it; why should I say it? My Soul is changed a little. I am no more a thunderer, as I was in Francfort. I make no more: J'enrage. I am as meek! as meek! Hah thou believest it not! Many time I become a melancholical one.«

So fleißig Goethe anfänglich Gellerts Vorlesungen und auch dessen poetisches Praktikum besuchte, zeigte er sich doch bald enttäuscht darüber, daß hier niemals von den bekannten Auto-

11 **Friedrich Gottlieb Klopstock** (1724–1803), Sohn eines Stiftsadvokaten, dessen dichterisches Werk von seiner christlich-pietistischen Erziehung geprägt ist. Sein Versepos ›Der Messias‹ (1748–1773) ebenso wie die ›Oden‹ (1771) bringen mit ihrer Sprach- und Gefühlsgewalt ein neues kulturelles und nationales Selbstbewußtsein zum Ausdruck. In seinen Dichtungen vereinen sich Elemente einer rationalistischen Aufklärungstheologie mit solchen des Pietismus.

ren der jüngeren Generation die Rede war: Klopstock, Ewald von Kleist, Wieland und Geßner wurden ebenso übergangen wie Lessing, dessen ›Minna von Barnhelm‹ immerhin gerade auf dem Leipziger Theater beachtliche Erfolge feierte. Nicht anders erging es ihm in seiner Beschäftigung mit Gottsched, dessen Autorität allmählich verblaßte. Von seinen Studenten wurde der ehemals so bedeutende Gesetzgeber einer deutschen Nationalliteratur inzwischen mit frechen Spottgedichten bedacht, und auch Goethe äußerte sich in seinen Briefen wenig respektvoll: »Er hat wieder geheurahtet, der alte Bock! Ganz Leipzig verachtet ihn!« Zwar würdigte man Gottscheds Verdienste um eine systematische Gattungstheorie der Literatur, doch gerade unter den Jüngeren lehnte man es ab, sich in ein starres poetisches Regelkorsett schnüren zu lassen, das keinerlei Raum ließ für einen freieren Ausdruck all dessen, was das eigene Herz bewegte. »In welche Verwirrung junge Geister durch solche ausgerenkte Maximen, halb verstandene Gesetze und zersplitterte Lehren sich versetzt fühlten, läßt sich wohl denken. Man hielt sich an Beispiele, und war auch da nicht gebessert.« (DuW). Der Verdruß über den »wäßrigen, weitschweifigen, nullen« Zustand der zeitgenössischen Literatur (dem Goethe im siebten Buch von ›Dichtung und Wahrheit‹ eine umfangreiche, freilich sehr subjektiv gefärbte Darstellung widmet) und der so schmerzlich empfundene Mangel an verbindlichen ästhetischen Maßstäben ließen ihn schließlich auch an seinen eigenen literarischen Versuchen zweifeln. Die entmutigenden Erfahrungen in Gellerts Praktikum, der den Arbeitsproben des jungen Dichters

12 Gotthold Ephraim Lessing (1729–1781)

13 **Johann Christoph Gottsched** (1700–1766), Literaturtheoretiker und Dichter. Als Wortführer der »Deutsch übenden poetischen Gesellschaft« ebenso wie in seinen Werken (z. B. ›Versuch einer Critischen Dichtkunst vor die Deutschen‹, 1730) kämpfte er gegen die barocke Überladenheit in den populären deutschen Schauspielen. Die Erneuerung des Theaters strebt er auch mit seiner Sammlung von Theaterstücken ›Deutsche Schaubühne‹ (1741–1745) an.

wenig Wohlwollen entgegenbrachte und kaum eine Zeile mit seinen philiströsen Anmerkungen in roter Tinte verschonte, verstärkten seine Unsicherheit; sein Dichten erschien ihm nurmehr – so schrieb er an seinen Freund Riese – wie »das Bemühn / Des Wurms im Staube, der den Adler sieht«.

Neues Selbstvertrauen und einige Zerstreuung brachte Goethe im Frühjahr 1766 die Bekanntschaft mit Ernst Wolfgang Behrisch, dem elf Jahre älteren Hofmeister eines jungen Grafen, der zum engsten Freund und Mentor der Leipziger Jahre wurde. Behrisch war ein origineller, gewitzter Kopf von etwas affektiertem Gebaren, in seiner Vorliebe für exquisite Kleidung und seinem ironisch zur Schau gestellten Müßiggang gewissermaßen ein früher Typus des *dandy*. In ihm fand Goethe einen ebenso klugen wie literarisch versierten Gesprächspartner, der seine dichterischen Arbeiten mit kritischem Wohlwollen kommentierte und ihm zur Ausbildung eines neuen, »präzisen« und »natürlichen« Stils verhalf. Behrisch besaß zudem eine schöne Handschrift und bot sich an, aus der Vielzahl der verstreuten Verse seines Freundes einige der besten auszuwählen und zu einem kalligraphischen Band zusammenzustellen. ›Annette‹ nannte Goethe diese Sammlung von 19 Gedichten, die noch ganz dem galanten Stil des Rokoko verpflichtet waren, doch bereits eine erstaunliche formale Vielfalt aufwiesen. Natürlich ging es vor allem um die Freuden und Leiden der Liebe, um spröde Mädchen, schmachtende Jünglinge und – wenn die Mädchen nicht allzu spröde waren – um zärtliche *tête-à-têtes* im Mondenschein.

Auch wenn solche Verse stets scherzhaft-erotisches Gedankenspiel nach anakreontischem Vorbild blieben: Goethe wußte, wovon er schrieb. Die Annette seiner Lieder war keine lyrische Fiktion, sondern eine hübsche neunzehnjährige Leipziger Wirtstochter namens Anna Katharina (»Käthchen«) Schönkopf. Im Gasthaus ihres Vaters, in das Goethe zum regelmäßigen

---

Jüngst schlich ich meinem Mädgen nach,
Und ohne Hindernis
Umfaßt' ich sie im Hain; sie sprach:
»Laß mich, ich schrei' gewiß!«
Da droht' ich trotzig: »Ha, ich will
Den töten, der uns stört!«
»Still«, winkt sie lispelnd, »Liebster, still,
Damit dich niemand hört!«

›*Das Schreien*‹

Mittagstisch einkehrte, hatte sie ihm nicht nur sehr anmutig den Wein, sondern wohl auch einige verheißungsvolle Blicke offeriert, so daß er sich mit der ganzen Leidenschaft eines Sechzehnjährigen in sie verliebte. Zwei Jahre dauerte die Verbindung, die erste ernstzunehmende »Herzensangelegenheit« in Goethes Leben, und mit entsprechendem Gefühlsaufwand wurde sie ausgekostet und durchlitten. Von seinen schwankenden Empfindungen dieser Zeit zeugen die 20 Briefe an Behrisch, deren leidenschaftlicher Gestus bereits an den Werther-Ton erinnert: »Meine Geliebte! Ah sie wird's ewig seyn. Sieh Behrisch in dem Augenblicke da sie mich rasen macht fühl ich's. Gott, Gott, warum muß ich sie so lieben.« Immer stärker belastete Goethe sich und die Geliebte mit schweren Eifersuchtsanfällen, die das Verhältnis schließlich so abkühlten, daß es im Frühjahr 1768 zur Trennung kam.

Von den Qualen der Eifersucht handelt auch das Schäferspiel ›Die Laune des Verliebten‹, das im selben Jahr unter dem unmittelbaren Eindruck der Erlebnisse mit Käthchen entstand und diese in der objektivierenden Form des Dramas noch einmal vergegenwärtigte. Damit entwickelte sich bereits jenes spezifisch Goethesche Verfahren der poetischen Selbsttherapie und »belehrenden Buße«, »nämlich dasjenige, was mich erfreute oder quälte, oder sonst beschäftigte, in ein Bild, ein Gedicht zu verwandeln, um sowohl meine Begriffe von den äußeren Dingen zu berichtigen, als mich im Innern deshalb zu beruhigen. Die Gabe hierzu war wohl niemand nötiger als mir, den seine Natur immerfort aus einem Extreme in das andere warf. Alles, was daher von mir bekannt geworden sind nur Bruchstücke einer großen Konfession.« (DuW).

Nicht nur der Dichtung, sondern auch der bildenden Kunst widmete Goethe, dessen Studium sich immer mehr außerhalb der akademischen Hörsäle vollzog, seine Aufmerksamkeit. Be-

14 Portrait der Anna Katharina (Käthchen) Schönkopf (1746–1810), Stahlstich von A. Hüssener nach einer zeitgenössischen Miniatur

reits im Dezember 1765 war er mit dem Maler und Leiter der Leipziger »Zeichnung-Mahlerey und Architectur-Academie« Adam Friedrich Oeser bekannt geworden und hatte bei ihm den in Frankfurt begonnenen Zeichenunterricht fortgesetzt. Weit mehr als sein zeichnerisches Talent bildete Goethe in der Schule Oesers sein ästhetisches Anschauungs- und Urteilsvermögen aus. Hier kam er zum ersten Mal mit einer Kunstbetrachtung in Berührung, die dem schwülstigen »Schnörkel- und Muschelwesen« des Barock eine Absage erteilte und sich zu den Werken der klassischen Antike zurückwandte. Im Jahr 1755 war Johann Joachim Winckelmanns vielbeachtete Schrift ›Gedancken über die Nachahmung der Griechischen Wercke in der Mahlerey und Bildhauer-Kunst‹ erschienen, an deren Entstehung Oeser als Lehrer und Freund Winckelmanns maßgeblichen Anteil hatte. »Edle Einfalt und stille Größe« lautete die programmatische Formel, mit der er seinen Schülern das klassizistische »Evangelium des Schönen, mehr noch des Geschmackvollen und Angenehmen … unablässig überlieferte«. (DuW). Gestaltete sich der Unterricht auch bisweilen etwas spröde und trokken, zumal es an konkretem Anschauungsmaterial mangelte, so wurde Goethe hier doch an die leitenden Fragen nach Wesen und Wirkung der Kunst herangeführt, die ihn sein ganzes Leben begleiten sollten. Besonders beeindruckte ihn Lessings soeben erschienene kunsttheoretische Schrift ›Laokoon‹ (1766), eine systematische Abhandlung über die unterschiedlichen Darstellungsprinzipien in Malerei und Poesie,

15 Johann Joachim Winckelmann (1717–1768). Kolorierter Stich aus dem 18. Jahrhundert

die sich zugleich polemisch mit den Lehren Winckelmanns auseinandersetzte. Unter Oeser und seinen Adepten hatte sich Lessing damit allerdings so unbeliebt gemacht, daß man ihn, als er im Frühjahr 1768 durch Leipzig kam, keines Blickes würdigte. Etwa zur selben Zeit erwartete man auch die Ankunft des gefeierten Winckelmann, wurde aber bald von der Nachricht erschüttert, daß er in Triest einem Raubmord zum Opfer gefallen war.

16 Die Laokoon-Gruppe aus dem 1. Jahrhundert v. Chr. Goethe sah den Abguß der antiken Statue im August 1771 im Mannheimer Antikensaal.

Sein letztes Leipziger Jahr erlebte der achtzehnjährige Goethe als eine Zeit der inneren und äußeren Spannungen. Eine tiefe »Geschmacks- und Urteilsungewißheit« ließ ihn, obwohl er inzwischen zu einem neuen, leichteren Ton gefunden hatte, immer stärker an seinem dichterischen Talent zweifeln. Auf dem Höhepunkt der Krise verbrannte er schließlich im Herbst 1767 nahezu alle Frankfurter Jugendarbeiten im Herd seiner Zimmerwirtin Straube. Die leidenschaftlich-selbstquälerische Liebe zu Käthchen belastete ihn ebenso wie die Trennung von Behrisch, der unter seinen Leipziger Gönnern in Mißkredit geraten war und eine neue Stellung in Dessau antrat. Zum Abschied schrieb Goethe dem geliebten Freund drei Oden, in denen er seinen Schmerz über den großen Verlust ausdrückte.

In dieser trüben Verfassung unternahm Goethe zu Beginn des Jahres 1768 eine heimliche Reise nach Dresden. Die gesamte Zeit seines zweiwöchigen Aufenthalts widmete er – angeregt durch

Kultur und Technik:

1759 Voltaire: ›Candide‹; Schillers Geburt; Tod Händels
1762 Rousseau: ›Emile‹ und ›Du contrat social‹
1764 Johann Joachim Winckelmann: ›Geschichte der Kunst des Altertums‹; Erfindung der Spinnmaschine
1765 James Watt, Dampfmaschine
1766 Lessing: ›Laokoon oder Über die Grenzen der Malerei und Poesie‹
1770 Geburt Hegels und Hölderlins
1773 Wolfgang Amadeus Mozart: erste Streichquartette
1779 Lessing: ›Nathan der Weise‹

den Unterricht bei Oeser – dem Besuch der kurfürstlichen Gemäldegalerie; die prächtigen Säle erschienen ihm wie ein »Heiligtum«. Besonders zogen ihn die niederländischen Meister des 17. Jahrhunderts an, deren Stil der einfachen Naturnachahmung ihm bereits durch die Frankfurter Künstler vertraut war und seinem persönlichen Kunstideal am meisten entsprach: »Was ich nicht als Natur ansehen, an die Stelle der Natur setzen, mit einem bekannten Gegenstand vergleichen konnte, war auf mich nicht wirksam.« (DuW)

17 Gebirgige Landschaft mit Wasserfall. Radierung Goethes nach A. Thiele aus dem Jahr 1768

Nach seiner Rückkehr lernte Goethe im Haus der Leipziger Verlegerfamilie Breitkopf, mit der er seit einiger Zeit freundschaftlich verbunden war, den Kupferstecher Johann Michael Stock kennen. Motiviert durch das Dresdener Kunsterlebnis ließ er sich von ihm in die Techniken des Radierens einführen. Vermutlich trugen die schädlichen Dämpfe der Ätzflüssigkeit dazu bei, daß sich Goethes ohnehin labiler Gesundheitszustand in den letzten Monaten seines Aufenthalts rapide verschlechterte. Im Juli 1768 erlitt er – als Symptom einer tuberkulösen Erkrankung – einen schweren Blutsturz. Mehrere Wochen wurde er von den Leipziger Freunden gepflegt; besonders liebevoll kümmerte sich Oesers Tochter Friderike um den Kranken, der ihr zum Dank eine Sammlung seiner Gedichte widmete. Am 28. August, seinem neunzehnten Geburtstag, trat er den Heimweg nach Frankfurt an.

Tod ist Trennung,
Dreifacher Tod
Trennung ohne Hoffnung
Wiederzusehn.

Aus den Oden an Behrisch

»Und lieben, Götter, welch ein Glück!«
Frankfurter Krise und Studium in Straßburg

Blaß, noch immer kränkelnd und geschwächt traf Goethe im elterlichen Haus »Zu den drey Leiern« ein. An dem herzlichen Empfang, den die Mutter und Cornelia dem Heimkehrenden bereiteten, mochte sich der Vater nicht beteiligen. Zu groß war die Enttäuschung darüber, »anstatt eines rüstigen, tätigen Sohns, der nun promovieren und jene vorgeschriebene Lebensbahn durchlaufen sollte, einen Kränkling zu finden, der noch mehr an der Seele als am Körper zu leiden schien« (DuW). An einer Tuberkulose der Lunge und der Halslymphdrüsen war Goethe in Leipzig erkrankt; ein Geschwür am Hals mußte entfernt werden, und es dauerte mehrere Monate, bis er sich nach Liegekuren und unangenehmen ärztlichen Eingriffen einigermaßen erholte. Allmählich kurierte er sich auch von der schweren inneren Krise, die das rastlose Leipziger Leben und vor allem die Trennung von Käthchen in ihm ausgelöst hatten.

So war er besonders empfänglich für die pietistischen Gesinnungen, die ihm in dieser Zeit durch Susanna Katharina von Klettenberg, eine Verwandte und enge Freundin der Familie, nahegebracht wurden. Die zarte, seit der Kindheit schwer kranke Frau war der Herrnhuter Brüdergemeine beigetreten und leitete in Frankfurt einen Zirkel pietistischer »Gottesverehrerinnen«, dem auch Goethes Mutter angehörte. Aus den Briefen und Gesprächen des Fräulein von Klettenberg, Zeugnissen einer ganz auf innere Selbstbespiegelung gerichteten Gefühlsfrömmigkeit, formte Goethe später das Lebensbild jener »schönen Seele«, das

18 Susanna Katharina von Klettenberg (1723–1774)

er als sechstes Buch in seinen Roman ›Wilhelm Meisters Lehrjahre‹ aufnahm. Auf den Frankfurter »Kränkling« übte sie eine heilsame und beruhigende Wirkung aus: »Heiterkeit und Gemütsruhe verließen sie niemals. Sie betrachtete ihre Krankheit als einen notwendigen Bestandteil ihres vorübergehenden irdischen Seins; sie litt mit der größten Geduld, und in schmerzlosen Intervallen war sie lebhaft und gesprächig.« (DuW). Gemeinsam mit ihr und dem behandelnden Hausarzt Johann Friedrich Metz, der ebenfalls zu den »abgesonderten Frommen« gehörte, vertiefte sich Goethe in eine Reihe mystischer, pansophischer und hermetischer Schriften, darunter die Werke des Paracelsus und Gottfried Arnolds ›Kirchen- und Ketzerhistorie‹. Angeregt durch Georg von Wellings naturphilosophisches ›Opus Mago-Cabbalisticum et Theosophicum‹ richtete er sich ein eigenes kleines alchemistisches Laboratorium ein; die Experimente waren zwar selten erfolgreich, aber geheimnisvoll genug, um ein frühes faustisches Interesse zu wecken.

›Ephemerides‹ – Eintagsfliegen – nannte Goethe sein im Januar 1770 begonnenes Tagebuch, ein buntes Konglomerat aus Lektüreexzerpten, Bibelsprüchen, Naturbeobachtungen und Gedankensplittern einer noch recht diffusen Privatreligion, die sich aus pantheistischen Vorstellungen, kabbalistischen Lehren und neuplatonischem Gedankengut zusammensetzte. Gott und Natur seien niemals getrennt voneinander zu erfassen, notierte er, ebensowenig wie eine Erkenntnis der Seele unabhängig vom Körper möglich sei: »Alles nämlich, was ist, muß sich notwendig auf das Sein Gottes beziehen, weil Gott als einziges Einzelwesen existiert und alles umfaßt.«

Unberührt von solchen religiös-philosophischen Spekulationen blieben die Dichtungen, die während des Frankfurter Intermezzos entstanden. Um sehr weltliche Verwicklungen geht es in der Farce ›Die Mitschuldigen‹, einem abgründig-burlesken Spiel der

---

Meine Gegenwärtige Lebensart ist der Philosophie gewiedmet. Eingesperrt, allein, Circkel, Papier, Feder und Dinte, und zwey Bücher, mein ganzes Rüstzeug. Und auf diesem einfachen Weege, komme ich in Erkenntniss der Wahrheit, offt so weit, und weiter, als andre mit ihrer Bibliothekarwissenschaft. Ein groser Gelehrter, ist selten ein grosser Philosoph, und wer mit Mühe viel Bücher durchblättert hat, verachtet das leichte einfältige Buch der Natur; und es ist doch nichts wahr als was einfältig ist.

An Friederike Oeser, 13. Februar 1769

Täuschungen, Verwechslungen und Intrigen, geschult an den Mustern der Commedia dell'arte und den frühen Komödien Molières. Mit den ›Neuen Liedern, in Melodien gesetzt von Bernhard Theodor Breitkopf‹ erschien im Oktober 1769 – noch ohne Nennung des Autors – Goethes erster Band eigener Lyrik. Die meisten Gedichte waren in Leipzig entstanden, einige neue fügte er hinzu, darunter ›An den Mond‹, das mit seinen suggestiven, beseelten Naturbildern bereits einen eigenen »Goetheschen« Ton anschlägt. Im Frühjahr 1770 war Goethe wieder soweit genesen, daß er sein abgebrochenes Studium fortsetzen konnte. Bereitwillig folgte er diesmal dem Plan des Vaters, die abschließende Promotion in Straßburg zu absolvieren. Es zog ihn aus der Enge des Frankfurter Elternhauses, vor allem, da sich mit dem ungeduldigen Vater »kein angenehmes Verhältnis anknüpfen« ließ.

Anfang April traf er erleichtert und im Bewußtsein eines Neubeginns in Straßburg ein. Die knapp 50000 Einwohner zählende Stadt befand sich seit 90 Jahren unter französischer Verwaltung, war jedoch – als alte Reichsstadt – noch stark von deutscher Kultur und Sitte geprägt. Man pflegte den Elsässer Dialekt, die Mädchen trugen, wie der Flaneur Goethe erfreut registrierte, altdeutsche Tracht mit kurzen, schlichten Kleidern und ordentlich aufgesteckten Zöpfen. Schon am Tag seiner Ankunft begeisterte ihn der Bau des gewaltigen gotischen Münsters, in dem er sein Kunstideal einer harmonisch zusammenwirkenden »Einheit des Mannigfaltigen« verwirklicht sah. Vom Turm des Münsters aus überschaute er die weite elsässische Landschaft, die ihm »wie ein neues Paradies» erschien.

19 Straßburg. Lithographie, um 1840

Schwester von dem ersten Licht,
Bild der Zärtlichkeit in Trauer,
Nebel schwimmt mit Silberschauer
Um dein reizendes Gesicht.
Deines leisen Fußes Lauf
Weckt aus tagverschloßnen Höhlen
Traurig abgeschiedne Seelen,
Mich, und nächt'ge Vögel auf.

Aus ›An den Mond‹

Trotz der vielgestaltigen neuen Eindrücke bemühte sich Goethe, seine juristischen Studien nun intensiv voranzutreiben. Mit Hilfe eines Repetitors bereitete er sich auf das Examen zum »Kandidaten« vor, das er im September 1770 durch zwei mündliche Prüfungen erfolgreich ablegte und das ihn berechtigte, eine abschließende Dissertation zu verfassen. Vom Besuch weiterer juristischer Vorlesungen war er damit zu seiner Erleichterung entbunden. Am Mittagstisch der Schwestern Lauth hatte Goethe inzwischen Anschluß an einen Kreis von Studenten gefunden, »alle wirklich gut und wohlgesinnt, nur mußten sie ihr gewöhnliches Weindeputat nicht überschreiten« (DuW). Vorsitzender dieser Tischgesellschaft, die zum größten Teil aus Medizinern bestand, war der achtundvierzigjährige Jurist und Sekretär am Vormundschaftsgericht Johann Daniel Salzmann, ein vielseitig interessierter und gebildeter Mann, der nach kurzer Zeit zum engen Vertrauten Goethes wurde. Zu den neuen Freunden, die er hier fand, gehörten auch der Mediziner Friedrich Leopold Weyland, mit dem er Ausritte ins elsässische Land unternahm, und der Theologe Franz Christian Lerse, dessen ausgeglichener, »wackerer« Charakter in der »Lerse«-Gestalt des ›Götz von Berlichingen‹ wiederkehren wird. Besonders nahm sich Goethe eines ärmlichen Medizinstudenten namens Johann Heinrich Jung an, der wegen seines schlichten Aufzugs und seiner pietistischen Gesinnungen von den Tischgenossen des öfteren verspottet wurde. Unter dem Titel ›Heinrich Stillings Jugend‹ verfaßte der spätere renommierte Augenarzt seine Autobiographie, eine der berühmtesten pietistischen Bekenntnisschriften des 18. Jahrhunderts, die Goethe 1777 herausgab.

Die neuen Bekanntschaften weckten sein Interesse für die Medizin; die Straßburger medizinische Fakultät genoß einen bedeutenden Ruf, und so begleitete er seine Freunde in deren Chemie- und Anatomievorlesungen. Zur Überwindung seines Ekels nahm

Die Jurisprudenz fangt an mir sehr zu gefallen. So ist s doch mit allem wie mit dem Merseburger Biere, das erstemal schauert man, und hat man s eine Woche getruncken, so kann man s nicht mehr lassen. Und die Chymie ist noch immer meine heimlich Geliebte.

Goethe aus Straßburg an Susanna von Klettenberg, 26. August 1770

Goethe am Sezierkurs des bekannten Chirurgen Johann Friedrich Lobstein teil, wie er überhaupt in dieser Zeit seine reizbare und anfällige Natur durch eigenwillige Kuren abzuhärten versuchte: Sein empfindliches Gehör gewöhnte er an Lärm, indem er sich direkt neben die Trommeln des abendlichen Zapfenstreichs der Stadtwache stellte; um Höhenangst und Schwindel zu bewältigen, stieg er mehrmals auf den Turm des Straßburger Münsters und zwang sich hinunterzusehen; mit nächtlichen Besuchen von Friedhöfen und abgeschiedenen Kapellen befreite er sich von der Furcht vor Einsamkeit und Dunkelheit. Den tiefen Abscheu vor »widerwärtigen Dingen« konnte Goethe allerdings auch mit Hilfe solch gewaltsamer Therapien nie überwinden. Anatomiekurse und Besuche im Klinikum änderten nichts daran, daß er den Umgang mit Kranken und Sterbenden, auch wenn es sich dabei um Menschen aus seiner nächsten Umgebung handelte, nicht ertragen konnte. Begräbnisse hat er zeitlebens gemieden.

Im Oktober 1770 machte Goethe die Bekanntschaft Johann Gottfried Herders, die er rückblikkend als »das bedeutendste Ereignis, was die wichtigsten Folgen für mich haben sollte« (DuW), bezeichnete. Herder, nur fünf Jahre älter als Goethe, galt bereits als anerkannte Größe auf literarischem Gebiet. Mit seinen ›Fragmenten über die neuere deutsche Literatur‹ (1766/1767) und den ›Kritischen Wäldern oder Betrachtungen, die Wissenschaft und Kunst des Schönen be-

20 **Johann Gottfried Herder** (1744–1803). Gemälde von Gerhard von Kügelgen, um 1799. Nach seinem Studium der Theologie und Philosophie in Königsberg wird er Lehrer, Prediger und, auf Vermittlung Goethes, 1776 Generalsuperintendent und 1801 Oberkonsistorialpräsident in Weimar. Als seine Hauptwerke gelten neben der ›Abhandlung über den Ursprung der Sprache‹ von 1772 die literaturkritischen Schriften ›Fragmente über die neuere deutsche Literatur‹ von 1767, die geschichtsphilosophischen Abhandlungen ›Ideen zur Philosophie der Geschichte der Menschheit‹ (1784–1791) und die ›Briefe zur Beförderung der Humanität‹ (1793–1797).

treffend‹ (1769) hatte er sich an aktuellen literatur- und kunsttheoretischen Debatten beteiligt und besonders in seiner Auseinandersetzung mit Lessing einige Aufmerksamkeit erregt. Herder stammte aus Ostpreußen, hatte zunächst Theologie und Philosophie in Königsberg studiert und dort entscheidende Anregungen durch die Begegnungen mit Immanuel Kant und Johann Georg Hamann erhalten. Nach einer Zeit als Lehrer und Prediger in Riga befand er sich nun als Erzieher und Reisebegleiter eines jungen Eutiner Prinzen auf dem Weg nach Italien. In Straßburg unterbrach er im September 1770 die Reise, um sich von einem Augenleiden – dem Verschluß einer Tränendrüse – heilen zu lassen, und unterzog sich mehreren schmerzhaften chirurgischen Eingriffen, die allerdings erfolglos blieben. Schon nach der ersten, zufälligen Begegnung im Gasthaus »Zum Geist« hatte Goethe große Zuneigung zu dem selbstbewußten und scharfsinnigen Mann gefaßt, dessen Reife und überlegene Gelehrsamkeit ihn tief beeindruckten. Fast täglich besuchte er Herder während der acht Monate, die dieser in Straßburg verbrachte, und lernte mit der Zeit auch die Launen des Kranken zu ertragen, der bisweilen mit beißendem Spott und verletzender Kritik reagierte, wenn der junge Poet ihm noch etwas naiv und umständlich seine Vorstellungen von Dichtung und Kunst unterbreitete.

In Straßburg arbeitete Herder an einer ›Abhandlung über den Ursprung der Sprache‹, seiner Antwort auf die von der Berliner Akademie der Wissenschaften gestellte Preisfrage des Jahres 1769. Goethe nahm aufmerksam Anteil an der Entstehung der Schrift, der er wesentliche Impulse für die Entwicklung seiner eigenen Dichtung verdankte. Die Sprache, so behauptete Herder, lasse sich nicht auf einen göttlichen Ursprung zurückführen, sie sei vielmehr als universales geistiges Naturvermögen des Menschen zu begreifen; er wollte zeigen, daß »der Mensch als Mensch wohl aus eignen Kräften zu einer Sprache gelangen könne und

---

Der menschliche [Ursprung der Sprache] zeigt Gott im größesten Lichte: sein Werk, eine menschliche Seele, durch sich selbst eine Sprache schaffend und fortschaffend, weil sie sein Werk, eine menschliche Seele ist. Sie bauet sich diesen Sinn der Vernunft als eine Schöpferin, als ein Bild seines Wesens. Der Ursprung der Sprache wird also nur auf eine würdige Art göttlich, sofern er menschlich ist.

Aus Herders ›Abhandlung über den Ursprung der Sprache‹

müsse« (DuW). Besonders in der Dichtkunst, der großen »Welt- und Völkergabe«, sah Herder die schöpferische Kraft der Sprache wirksam: in den Werken Homers, Pindars und Shakespeares, die er einzig als wahre poetische Genies gelten ließ, ebenso wie in den alten Mythen und den einfachen Lieddichtungen der Völker. Hier fand er Originalität, natürlichen und unverfälschten Ausdruck, eine unmittelbare Sprache der Seele (und nicht nur des Verstandes), wie er sie in der Poesie seiner eigenen Zeit vermißte. Er wies Goethe auf die 1765 vom schottischen Bischof Thomas Percy herausgegebenen ›Reliques of Ancient English Poetry‹ hin, eine Sammlung englischer und schottischer Volkslieder, und sprach von dem Plan einer ähnlichen Sammlung in Deutschland. Sie erschien acht Jahre später unter dem Titel ›Stimmen der Völker in Liedern‹. Goethe trug dazu drei der zwölf elsässischen Volkslieder bei, die er – wie er im September 1771 an Herder schrieb – auf seinen »Streiffereyen aus denen Kehlen der ältesten Müttergens aufgehascht« hatte. Begeistert las er auf Anregung Herders das Werk des alten schottischen Barden Ossian, das in elegisch-düsteren Gesängen eine mythische Vorwelt heraufbeschwor. Noch in Straßburg übersetzte er daraus die schwermütigen ›Gesänge von Selma‹, die er dann in den ›Werther‹ aufnahm – erst später stellte sich heraus, daß es sich bei den Ossianischen Dichtungen um geschickte Fälschungen des zeitgenössischen schottischen Dichters James Macpherson handelte. Dem Einfluß Herders verdankte sich auch Goethes wachsendes Interesse an alter deutscher Kunst, wie sie ihm exemplarisch in Gestalt des Straßburger Münsters vor Augen trat. Der gotische Bau regte ihn zum Entwurf eines hymnischen Aufsatzes über den Dombaumeister Erwin von Steinbach an, der in ausgearbeiteter Form 1773 unter dem Titel ›Von Deutscher Baukunst‹ in Herders Schriftensammlung ›Von Deutscher Art und Kunst‹ erschien.

Goethe ist würklich ein guter Mensch, nur äußerst leicht und viel zu leicht und spatzenmäßig, worüber er meine ewigen Vorwürfe gehabt hat.

Herder, Bückeburg 21. März 1771

Während einer seiner »Streiffereyen« durch das Elsaß wurde Goethe im Herbst 1770 mit der Familie des Landgeistlichen Johann Jacob Brion in Sesenheim bekannt, das einen Tagesritt entfernt von Straßburg lag. Den Eintritt in das ländliche Pfarrhausidyll und seine schon beim ersten Anblick geweckte Liebe zu Friederike, der zweitjüngsten der drei Pfarrerstöchter, gestaltete Goethe in ›Dichtung und Wahrheit‹ zu einer kunstvoll verwobenen novellistischen Miniatur. Als poetischer Spiegel der realen Ereignisse diente ihm Oliver Goldsmiths 1766 in England erschienener Roman über den ›Landpfarrer von Wakefield‹, der ihm bereits in Straßburg durch Herder bekannt geworden war. Schon die Szene der ersten Begegnung mit Friederike beansprucht daher weniger historische als vielmehr eine höhere »poetische Wahrheit« der verklärenden Retrospektive: »In diesem Augenblick trat sie wirklich in die Türe; und da ging fürwahr an diesem ländlichen Himmel ein allerliebster Stern auf … Schlank und leicht, als wenn sie nichts an sich zu tragen hätte, schritt sie, und beinahe schien für die gewaltigen blonden Zöpfe des niedlichen Köpfchens der Hals zu zart. Aus heiteren blauen Augen blickte sie sehr deutlich umher, und das artige Stumpfnäschen forschte so frei in die Luft, als wenn es in der Welt keine Sorgen geben könnte; der Strohhut hing ihr am Arm, und so hatte ich das Vergnügen, sie beim ersten Blick auf einmal in ihrer ganzen Anmut und Lieblichkeit zu sehn und zu erkennen.« (DuW). Un-

21 Pfarrhaus in Sesenheim. Rötelzeichnung von der Hand Goethes, 1770/1771

befangen erwiderte die achtzehnjährige Friederike seine Zuneigung, und die folgenden glücklichen Monate, in denen Goethe so oft wie möglich ins Elsaß ausritt, um die Geliebte zu sehen, weckten in ihm eine neue, in ihrer Intensität bis dahin unbekannte poetische Schaffenskraft. Es entstanden die ›Sesenheimer Lieder‹, deren natürliche Sprachkraft etwas von dem schöpferischen Genius erahnen ließ, den Herder im Sinn gehabt haben mußte. Zu den berühmtesten Sesenheimer Gedichten gehören neben dem volksliedhaften ›Heidenröslein‹ die beiden ersten unverkennbar »Goetheschen« Gedichte ›Willkommen und Abschied‹ und ›Maifest‹ (später ›Mailied‹). Ein neuer, persönlicher Ton klingt darin an; Natur- und Liebeserlebnis verschmelzen in der emphatischen Feier des glücklichen Augenblicks.

22 Friederike Brion (1752–1813)

Friederike wurde nicht »ewig glücklich«. In Goethes Briefen an den Freund Salzmann klangen bereits im Frühjahr 1771 erste Zweifel an der Möglichkeit einer dauerhaften Bindung an, die ihn – wie später noch oft – zutiefst ängstigte. Er greife nach »Schatten«, schrieb er; die Flüchtigkeit des erfüllten Augenblicks, der doch nur eine innere Leere hinterließ, kam ihm nun erstmals deutlich zu Bewußtsein: »Sind das nicht die Feengärten, nach denen du dich sehntest? – Sie sind's, Sie sind's! Ich fühl' es lieber Freund, und fühle dass man um kein Haar glücklicher ist wenn man erlangt was man wünschte.« Die Besuche im Pfarrhaus wurden seltener, Friederike reagierte mit Krankheit. Noch einmal ritt er im August zu ihr aus, verschwieg ihr jedoch – nicht ohne tiefe Schuldgefühle –, daß es kein Wiederse-

… O Mädchen, Mädchen,
Wie lieb' ich dich!
Wie blinkt dein Auge,
Wie liebst du mich!

So liebt die Lerche
Gesang und Luft,
Und Morgenblumen
Den Himmelsduft,

Wie ich dich liebe
Mit warmen Blut,
Die du mir Jugend
Und Freud' und Mut

Zu neuen Liedern
und Tänzen gibst.
Sei ewig glücklich,
Wie du mich liebst. *Aus: ›Maifest‹*

hen geben würde. »Ich mußte sie in einem Augenblick verlassen, wo es ihr fast das Leben kostete«, bekannte er acht Jahre später gegenüber Charlotte von Stein. Friederike blieb zeitlebens unverheiratet. »Wer von Goethe geliebt worden ist«, soll sie nach den Worten ihrer Schwester später einmal gesagt haben, »kann keinen anderen lieben.«

Auf Drängen des Vaters begann Goethe im Winter 1770, seine juristische Dissertation auszuarbeiten. ›De legislatoribus‹ lautete der Titel der heute verschollenen Arbeit, die sich mit einem Problem des Kirchenrechts auseinandersetzte: Der Staat, so die Hauptthese, sei berechtigt, eine für Geistlichkeit und Laientum verpflichtende Ordnung des religiösen Kultus festzusetzen; der Glaube hingegen sei die persönliche Sache jedes einzelnen und genieße im privaten Bereich größtmögliche Freiheit. Eine andere These behauptete, Jesus sei nicht der Gründer der christlichen Religion gewesen, andere gelehrte Männer hätten sie unter seinem Namen verkündet, überhaupt sei die Religion nicht mehr als eine »gesunde Politik«. Solche unorthodoxen Äußerungen stießen bei der Fakultät auf wenig Wohlwollen. Die Arbeit wurde abgelehnt. Goethe blieb jedoch die Möglichkeit, den – einem Doktortitel nahezu gleichwertigen – Grad eines Lizentiaten der Rechte zu erwerben. In einer öffentlichen, lateinisch geführten Disputation hatte er 56 selbst verfaßte Thesen aus den Gebieten der Allgemeinen Rechtslehre, des Bürgerlichen Rechts und des Verfahrens- sowie des Strafrechts zu verteidigen – darunter auch den aus seiner Sicht nicht besonders glaubwürdigen Satz Nr. 41: »Das Studium der Rechte ist bei weitem das vortrefflichste.« Die Prüfung, eher ein launiges Streitgespräch, bei dem einige seiner Tischgenossen die gegnerische Seite vertraten, schloß Goethe am 6. August 1771 »cum applausu« ab.

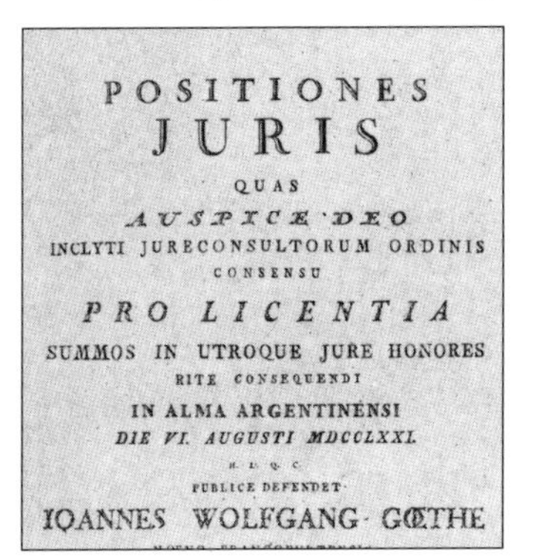
POSITIONES
JURIS
QUAS
AUSPICE DEO
INCLYTI JURECONSULTORUM ORDINIS
CONSENSU
PRO LICENTIA
SUMMOS IN UTROQUE JURE HONORES
RITE CONSEQUENDI
IN ALMA ARGENTINENSI
DIE VI. AUGUSTI MDCCLXXI.
H. L. Q. C.
PUBLICE DEFENDET
IOANNES WOLFGANG GŒTHE

23 Titelblatt der ›Positiones Juris‹ – Goethes 56 Thesen zur Erlangung des Lizentiatengrades

»Auch halte ich mein Herzchen wie ein krankes Kind«
»Geniezeit« in Frankfurt und Wetzlar

Nach Frankfurt zurückgekehrt, beantragte Goethe am 28. August 1771, seinem 22. Geburtstag, beim dortigen Schöffengericht seine Zulassung als Rechtsanwalt und legte am 3. September den Advokateneid ab. Im Elternhaus wurde eine kleine Kanzlei eingerichtet. Verwandte und befreundete Frankfurter Juristen, darunter auch der spätere Schwager Johann Georg Schlosser, übergaben dem jungen Anwalt einige ihrer Fälle, zumeist Zivilstreitigkeiten unter Frankfurter Handwerkern und Juden. Der Anfängerehrgeiz legte sich freilich bald, und Goethe war dankbar für die eifrige Mitarbeit seines Vaters, die es ihm ermöglichte, seine Anwaltstätigkeit auf die »Nebenstunden« zu beschränken, wie er an Salzmann schrieb. Nur 28 Prozesse führte er während seiner kurzen Juristenlaufbahn, die bereits nach vier Jahren – mit der Abreise nach Weimar – endete.

Goethe war sich bewußt, daß ihm der bürgerliche Anwaltsberuf auf die Dauer keine Befriedigung bereiten konnte. Ihn beschäftigten andere Dinge. Der Einfluß Herders wirkte nach; in seinen Frankfurter Briefen – nur selten war von seiner juristischen Tätigkeit die Rede – reflektierte er vor allem über Kunst und Künstlertum, über das Wesen von Genie und

24 Goethe in seinem Mansardenzimmer. Wahrscheinlich ein Selbstportrait, um 1768

Schöpfergeist. Am 14. Oktober veranstaltete er zum Namenstag William Shakespeares, der ihm zum Inbegriff des Dichtergenies geworden war, eine Feier im elterlichen Haus und verfaßte für diesen Anlaß seine Rede ›Zum Shakespeares Tag‹, eines der ersten Manifeste der heraufkommenden Sturm-und-Drang-Bewegung. Neben der pathetischen Huldigung an den bewunderten Genius artikulierte Goethe darin zugleich seine eigenen Anschauungen über das Drama: die Absage an den Regelkanon des klassizistischen französischen Theaters, die Lösung von den »Fesseln« der aristotelischen Einheit von Ort, Zeit und Handlung; die Forderung nach Natur, Originalität und Ursprünglichkeit. »Natur! Natur! nichts so Natur als Shakespeares Menschen«, rief er emphatisch aus; einem zweiten Prometheus gleich habe Shakespeare Geschöpfe von »kolossalischer Größe« geschaffen, starke, widersprüchliche Charaktere, die sich nicht mehr in den getrennten Kategorien von Gut und Böse erfassen ließen, denn »das, was wir bös nennen, ist nur die andre Seite vom Guten«. Die ganze Fülle der Welt sah er im dramatischen Kosmos des großen Engländers gespiegelt.

Schon kurze Zeit später realisierte Goethe die in der Shakespeare-Rede formulierten Maximen. Ende November begann er mit der Arbeit an dem historischen Drama ›Geschichte Gottfriedens von Berlichingen mit der Eisernen Hand‹, das er in nur sechs Wochen ohne Konzept niederschrieb. In der losen Folge von 59 Szenen entwirft Goethe ein historisches Tableau des deutschen 16. Jahrhunderts und entwickelt den Konflikt der Hauptfigur Berlichingens, jenes »rohen, wohlmeinenden Selbsthelfers in wilder anarchischer Zeit« (DuW), der in seinem unbändigen Freiheitsdrang mit dem »notwendigen Gang des Ganzen zusammenstößt« und als letzter Repräsentant des mittelalterlichen freien Rittertums im Kampf gegen die heraufdämmernde Epoche eines neuzeitlich-zentralistischen Staatswesens scheitert.

Shakespeares Theater ist ein schöner Raritätenkasten, in dem die Geschichte der Welt vor unsern Augen an dem unsichtbaren Faden der Zeit vorbeiwallt. ... seine Stücke drehen sich alle um den geheimen Punkt (den noch kein Philosoph gesehen und bestimmt hat), in dem das Eigentümliche unseres Ichs, die prätendierte Freiheit unsres Wollens, mit dem notwendigen Gang des Ganzen zusammenstößt.

Aus ›Zum Shakespeares Tag‹

25 Götz von Berlichingen und der gefangene Weislingen. Gemälde von Johann Heinrich Wilhelm Tischbein, 1782

Mit seinem Stück sprengte Goethe in der Tat alle dramatischen Konventionen seiner Zeit. Revolutionär erschien nicht nur der »historische und nationale Gehalt« des Dramas. Seine offene epische Struktur mit ihren raschen Szenenwechseln zwischen etwa 50 verschiedenen Schauplätzen, die ein plastisches Bild der verschiedensten gesellschaftlichen Stände vom Kaiserhof bis zu den aufständischen Bauern bieten, stellte einen radikalen Bruch mit der regelhaften Einheit von Ort, Zeit und Handlung dar. Herder, dem Goethe das Stück kurz nach der Fertigstellung zusandte, bemerkte denn auch tadelnd, »Dass euch Schäckessp. ganz verdorben«. Als das Stück, nun unter dem Titel ›Götz von Berlichingen‹, schließlich nach mehrfacher Überarbeitung 1773 im Druck erschien, wurde es vor allem von der jüngeren Generation begeistert aufgenommen und bewirkte in der Folgezeit eine Flut von historischen Dramen.

Zur Veröffentlichung des ›Götz‹ hatte dem noch zögernden Autor der acht Jahre ältere kritische Förderer und Freund Johann Heinrich Merck geraten. Nach Studienjahren in Gießen, Erlangen und Dresden war er nun als Sekretär der Geheimen Kanzlei am Darmstädter Hof an seinen Geburtsort zurückgekehrt. Im Umkreis Schlossers hatte Goethe Ende 1771 den scharfzüngigen, literarisch wie auch naturwissenschaftlich versierten Mann ken-

26 **Johann Heinrich Merck** (1741–1791). Gemälde von G. Ludwig Strecker, 1772. Als Publizist und Schriftsteller ist er ein ebenso geachteter wie gefürchteter Kritiker, dessen Artikel in den ›Frankfurter Gelehrten Anzeigen‹ und dem von Wieland herausgegebenen ›Teutschen Merkur‹ erscheinen.

nengelernt, der kurze Zeit später die Leitung der Rezensionszeitschrift ›Frankfurter Gelehrte Anzeigen‹ übernahm und neben Goethe auch Herder und Schlosser zur Mitarbeit gewinnen konnte. Im Unterschied zu anderen, noch von einem eher steifen akademischen Stil geprägten Wissenschaftsorganen zeichneten sich die ›Gelehrten Anzeigen‹ durch einen neuen Ton der Kritik aus: Nach dem großen Vorbild Lessings wurde polemisiert und ironisiert, scharf und deutlich geurteilt. Man besprach Werke der neueren Philosophie, der Theologie und Geschichte, vor allem aber Neuerscheinungen der zeitgenössischen Dichter, darunter Klopstock, Wieland, Jacobi, Gleim und Geßner. Unter Mercks Herausgeberschaft entwickelte sich die Zeitschrift bald zum wichtigen Forum der jungen Generation des Sturm und Drang: »jene berühmte, berufene und verrufene Literaturepoche, in welcher eine Masse junger genialer Männer, mit aller Mutigkeit und aller Anmaßung, wie sie nur einer solchen Jahreszeit eigen sein mag, hervorbrachen, durch Anwendung ihrer Kräfte manche Freude, manches Gute, durch den Mißbrauch derselben manchen Verdruß und manches Übel stifteten« (DuW). Rund 80 Artikel verfaßte Goethe für die ›Frankfurter Gelehrten Anzeigen‹, stellte aber – wie auch Merck und Herder – schon nach einem Jahr seine Mitarbeit ein, da es wegen einiger unorthodoxer Rezensionen theologischer Schriften zu Streitigkeiten mit der Geistlichkeit und dem Frankfurter Magistrat gekommen war.

Goethe reiste in dieser Zeit mehrmals nach Darmstadt, das sich unter der musisch interessierten Landgräfin Caroline zu einem Zentrum des geistig-kulturellen Lebens entwickelt hatte. Hier knüpften sich engere Kontakte zu dem Freundeskreis um Merck, einem Zirkel von Empfindsamen, der sich »Gemeinschafft der Heiligen« nannte. Ihm gehörten unter anderem der Hofrat Franz Michael Leuchsenring und der Minister Andreas Peter von Hesse an, Herder und seine Darmstädter Verlobte Caroline Flachsland

---

Die Literaturepoche des **Sturm und Drang** dauerte etwa von 1767 bis 1785. Dem Rationalismus der Aufklärungszeit setzten die Protagonisten der »Geniezeit« die Betonung des Gefühls entgegen. Das empfindende »Herz« wurde zum Schlüsselbegriff, die Natur als Hort des Unverbildeten und Ursprünglichen verehrt. Ursprünglich und schöpferisch, frei von formalen Regelzwängen sollte auch die dichterische Sprache sein. Shakespeare wurde zum Inbegriff des »Originalgenies«; philosophische Leitfiguren der Epoche waren Jean-Jacques Rousseau, Baruch de Spinoza und Johann Georg Hamann.

sowie die beiden Homburger Hofdamen Henriette von Roussillon und Luise von Ziegler. Die Damen gaben sich poetische Namen, Goethe bedichtete sie in empfindsamen Gesängen: ›Fels-Weihegesang an Psyche‹, ›Elisium an Uranien‹, ›Pilgers Morgenlied an Lila‹. Zu dem bisweilen etwas exaltierten Gefühls- und Freundschaftskult, dem die »Gemeinschafft der Heiligen« huldigte, gehörten gemeinsame Waldspaziergänge, bei denen man sich einem schwärmerischen Naturgefühl hingab: Man errichtete verwunschene Mooshüttchen und weihte sich Felsen; Rousseau und Klopstock wurden verehrt, man spürte den innersten Seelenregungen nach, und zahlreiche Briefe zirkulierten, in denen man sich feierlich und tränenreich der gegenseitigen Liebe versicherte. Auf den Wegen nach Darmstadt und Homburg, die Goethe als »Wanderer«, wie er sich in dieser Zeit oft bezeichnete, zu Fuß zurücklegte, entstand das erste seiner großen Gedichte in freien, strömenden Rhythmen, ›Wandrers Sturmlied‹ – Ausdruck eines neuen künstlerischen Selbstbewußtseins.

Im Frühjahr 1772 brach Goethe, dem Vorschlag seines Vaters folgend, zu einem mehrmonatigen Aufenthalt nach Wetzlar auf, um als Rechtspraktikant am dortigen Reichskammergericht seine juristischen Kenntnisse zu vertiefen. Wetzlar, ebenfalls freie Reichsstadt und 50 Kilometer entfernt von Frankfurt gelegen, zählte 5000 Einwohner, von denen knapp 1000 als Mitarbeiter des Gerichts beschäftigt waren. Das Reichskammergericht, oberste Justizbehörde des Reiches, befand sich in desolatem Zustand. Akuter Personal- und Geldmangel hatten bewirkt, daß die Zahl der unerledigten Verfahren inzwischen auf 20 000 angewachsen war, einige davon harrten seit 200 Jahren der Bearbeitung, zudem kursierten zahlreiche Gerüchte über Mißbrauchs- und Bestechungsfälle unter den Richtern. Die von Kaiser Joseph II. bereits im Jahr 1766 angeordnete »Visitation« zur Überprüfung und Beseiti-

Wandrers Sturmlied
Wen du nicht verlässest, Genius,
Nicht der Regen, nicht der Sturm
Haucht ihm Schauer übers Herz.
Wen du nicht verlässest, Genius,
Wird der Regenwolke
Wird dem Schloßensturm
Entgegen singen
Wie die Lerche
Du dadroben. ...

gung der eklatanten Mißstände war bei Goethes Ankunft noch im Gange, und der betrübliche Eindruck, den er hier gewann, konnte ihn kaum motivieren, »tiefer in ein Geschäft einzugehen, das, an sich selbst verwickelt, nun gar durch Untaten so verworren erschien« (DuW). Der namentliche Eintrag vom 25. Mai in die Liste der Rechtspraktikanten blieb denn auch der einzige Nachweis seiner Anwesenheit am Gericht.

Am 9. Juni machte Goethe auf einem ländlichen Ball im nahegelegenen Volpertshausen die Bekanntschaft der achtzehnjährigen Charlotte Buff, von deren offenem, herzlichem Wesen er sich sogleich angezogen fühlte. Schon am nächsten Tag besuchte er sie im Haus ihres Vaters, des Deutschordenamtmanns Heinrich Adam Buff, und fand sie, brotschneidend wie in der auf unzähligen Bildern und Kupferstichen verewigten Szene des ›Werther‹, im Kreis ihrer elf Geschwister, denen sie die im Jahr zuvor verstorbene Mutter ersetzte. Er erfuhr, daß Charlotte bereits verlobt sei, und dieser Umstand mochte ihren Reiz für Goethe noch erhöht haben, versprach doch gerade die »Sehnsucht auf ein Unerreichbares« die besondere Süße und Sicherheit einer sorglosen Schwärmerei, frei von dem für ihn stets bedrückenden Schatten einer festen, dauerhaften Bindung.

Mit Charlotte und ihrem Verlobten, dem hannoverschen Legationssekretär Johann Christian Kestner, verband ihn bald ein inniges freundschaftliches Verhältnis. Man verbrachte gemeinsam den Sommer mit Spaziergängen und langen Unterhaltungen,

28, 29 Johann Christian (1741–1800) und Charlotte Kestner, geborene Buff (1753–1828)

»eine echt deutsche Idylle, wozu das fruchtbare Land die Prosa, und eine reine Neigung die Poesie hergab« (DuW). Die Idylle blieb dennoch nicht frei von Spannungen. Der vielbeschäftigte Kestner, lange um noble Zurückhaltung bemüht, konnte schließlich seinen Unmut über die fortgesetzten Besuche des Freundes bei seiner Lotte nicht verhehlen, und Goethe mußte sich eingestehen, daß das »Verhältnis durch Gewohnheit und Nachsicht leidenschaftlicher als billig … geworden« war (DuW). Am 11. September reiste er vorzeitig aus Wetzlar ab, ohne Abschied von den Freunden, denen er nur einige flüchtige Zeilen hinterließ: »Wäre ich einen Augenblick länger bey euch geblieben, ich hätte nicht gehalten. Nun binn ich allein, und morgen geh ich. O mein armer Kopf.«

Auf dem Rückweg nach Frankfurt machte Goethe, auf Anregung Mercks, Station bei dem Ehepaar La Roche in Ehrenbreitstein. Sophie von La Roche, die Cousine und ehemalige Verlobte Wielands, stand in enger Verbindung zum Darmstädter Kreis der Empfindsamen; im vorigen Jahr 1771 war sie mit dem Briefroman ›Geschichte des Fräuleins von Sternheim‹ als Schriftstellerin hervorgetreten. Zu Maximiliane, ihrer hübschen sechzehnjährigen Tochter, der späteren Mutter von Clemens und Bettina Brentano, faßte Goethe noch während seines Aufenthalts große Zuneigung: Ihre betörenden »schwarzen Augen« sollte dann die Lotte des ›Werther‹ erhalten. Rückblickend bemerkte er über den besonderen Reiz dieser Begegnung: »Es ist eine

◀ 27 Die »Neue Kammer« in Wetzlar, in der seit 1755 das Reichskammergericht untergebracht war

sehr angenehme Empfindung, wenn sich eine neue Leidenschaft in uns zu regen anfängt, ehe die alte noch ganz verklungen ist« (DuW). Maximilianes Bräutigam, der Kaufmann Peter Anton Brentano, brachte allerdings entschieden weniger Verständnis als Kestner für die Schwärmereien des jungen Besuchers auf und setzte ihn schließlich kurzerhand vor die Tür.

In Frankfurt erreichte Goethe aus Wetzlar bald die Nachricht vom Freitod des Legationssekretärs Carl Wilhelm Jerusalem, die ihn, obwohl er mit dem stillen und verschlossenen Mann nur flüchtig bekannt war, tief erschütterte. Am 30. Oktober hatte sich der fünfundzwanzigjährige Jerusalem – mit einer von Kestner entliehenen Pistole – aus unglücklicher Liebe zu der Frau eines Freundes erschossen. Bestürzt erkannte Goethe die Parallelen zu seiner eigenen hoffnungslosen Situation der Wetzlarer Monate. Der schriftliche Bericht Kestners über die genauen Umstände des Selbstmords diente ihm schließlich als detaillierte Vorlage für den Schlußteil seines ›Werther‹, doch sollte es bis zur Niederschrift des Romans noch anderthalb Jahre dauern.

Die folgenden Frankfurter Monate bildeten, was die formale wie stoffliche Vielfalt und die Fülle der entstandenen literarischen Arbeiten angeht, die wohl produktivste Phase in Goethes Leben. Schon aus Wetzlar hatte er in einem Brief an Herder (10. Juli 1772) begeistert von seiner Pindar-Lektüre berichtet; »pindarisch« – wie er es unter Verkennung der Formstrenge Pindars verstand – dichtete er nun selbst: in dithyrambischem Stil mit kühnen, kräftigen Bildern und in ungebundenen, freimetrisch strömenden Versen. Es entstanden die großen Hymnen: ›Mahomets Gesang‹, ›An Schwager Kronos‹, ›Ganymed‹ und ›Prometheus‹, in denen sich mit großer genialischer Gebärde ein neues Natur- und Schöpfergefühl artikulierte. Die mythologische Gestalt des den Göttern mutig trotzenden, selbst Menschen formenden Prometheus – Titelfigur zugleich eines im Sommer 1773 entworfenen Dramenfrag-

30 Jüngling mit Adler (Prometheus?). Lavierte Federzeichnung von Goethe

ments – wurde für Goethe nun zum zentralen Symbol selbstbewußter künstlerischer Schaffenskraft. Weitere Pläne zu einem Sokrates- und einem Cäsardrama, zu einer Tragödie über den islamischen Religionsstifter Mahomed (Mohammed) sowie erste Entwürfe zum ›Faust‹ entstanden in dieser Zeit: »Alles, was Genie durch Charakter und Geist über die Menschen vermag, sollte dargestellt werden, und wie es dabei gewinnt und verliert.« (DuW)

Von Goethes intensiver Beschäftigung mit religiösen Fragen zeugen die beiden im Winter 1772/1773 verfaßten Schriften ›Zwo wichtige bisher unerörterte biblische Fragen‹ und ›Brief des Pastors zu *** an den neuen Pastor zu ***‹, in denen sich mit der Kritik an der lutherischen Orthodoxie wie auch an pietistischen Glaubensvorstellungen das Bekenntnis zur Toleranz, der »Losung der damaligen Zeit« (DuW), verband.

In einen stilistisch und stofflich ganz anderen Zusammenhang führt neben der satirischen Farce ›Götter, Helden und Wieland‹ auch die Reihe der dramatischen Possen und Hanswurstiaden aus den Jahren 1773–1775: ›Das Jahrmarktsfest zu Plundersweilen‹, ›Ein Fastnachtspiel vom Pater Brey‹ und ›Satyros oder der vergötterte Waldteufel‹ knüpfen als Knittelversdramen mit derber, bisweilen obszöner Situationskomik an die Schwank- und Fastnachtsspieltradition des 16. Jahrhunderts an, die Goethe sich, nach dem Studium der Werke Hans Sachsens im April 1773, mühelos anzueignen verstand. Die volkstümlich-naive Drastik dieser Spieltradition bot ihm zugleich eine ideale Form zur polemischen

31 Goethe im Jahr 1773. Kopie eines Portraits von Johann Daniel Bager von Hermann Junker, 1895

Auseinandersetzung mit den Strömungen des Zeitgeschmacks. So wurde etwa im ›Satyros‹ – nicht ohne selbstparodistische Züge – die überspannte Naturverehrung im Zeichen Rousseaus ebenso zur Zielscheibe des satirischen Spotts wie der Geniekult und die bizarren Auswüchse eines empfindsamen Schwärmertums.

32 Die brotschneidende Lotte im Kreis ihrer Geschwister. Szene aus dem ›Werther‹-Brief vom 16. Juni 1771. Stahlstich von Leonhard Raab nach einer Zeichnung von Wilhelm von Kaulbach, 1859

Daß er selbst schon bald einem solchen Schwärmertum neue Nahrung geben würde, war Goethe zu diesem Zeitpunkt wohl kaum bewußt. Im Februar 1774 schrieb er, »äußerlich völlig isoliert« und »einem Nachtwandler ähnlich« (DuW), innerhalb von vier Wochen den Briefroman ›Die Leiden des jungen Werthers‹ nieder. Es waren nicht nur die schmerzhaften Erlebnisse seiner enttäuschten Wetzlarer Liebe zu Lotte und die unerfüllte Zuneigung zu Maximiliane – beide hatten inzwischen geheiratet –, die er darin verarbeitete. Mochte auch diese Erfahrung des Verlusts den äußeren Anstoß zur Konzeption des ›Werther‹ gegeben haben, so war es doch vor allem eine krisenhafte Gesamtverfassung jener Zeit, die die Entstehung des Romans motivierte. Trotz seiner gesteigerten produktiven Kraft wurde auch Goethe, wie er rückblickend schrieb, angesteckt von der »damals herrschenden Empfindsamkeits-Krankheit«. Nicht zuletzt auf die intensive

Für die Leiden und Freuden und Tollheiten des jungen Werthers danke ich dir vielmals. Ist es wahr, daß sich ein junger Herr von Lüttichow über das Buch erschossen hat, das mag mir ein rechter Herr von Lüttichow gewesen sein. Ich glaube, der Geruch eines Pfannkuchens ist ein stärkerer Bewegungs-Grund, in der Welt zu bleiben, als alle die mächtig gemeinten Schlüsse des jungen Werthers sind, aus derselben zu gehen …

Georg Christoph Lichtenberg an J. Chr. Dietrich, 1. Mai 1775

Rezeption der englischen Melancholie-Literatur, die in ihren Gedichten eine düstere Todessehnsucht beschwor, führte er später jenen Lebensüberdruß zurück, der sich schließlich bis zur »Grille des Selbstmords« gesteigert hatte.

Mit der Niederschrift des ›Werthers‹ bewährte sich erneut sein selbsttherapeutisches Talent, die bedrückende »Wirklichkeit in Poesie zu verwandeln«, sich vom eigenen Leiden zu befreien, indem er es in die Fiktion überführte: »Ich fühlte mich, wie nach einer Generalbeichte, wieder froh und frei, und zu einem neuen Leben berechtigt. Das alte Hausmittel war mir diesmal vortrefflich zustatten gekommen.« (DuW). Zur Leipziger Herbstmesse 1774 erschien der schmale Band und wurde zum »Zündkraut einer Explosion«: Wie kein anderer Roman seiner Zeit traf der ›Werther‹ den Lebensnerv einer jungen Generation, die, »von unbefriedigten Leidenschaften gepeinigt, von außen zu bedeutenden Handlungen keineswegs angeregt, in der einzigen Aussicht« lebte, sich »in einem schleppenden geistlosen, bürgerlichen Leben hinhalten zu müssen.« (DuW). Man identifizierte sich mit Werther, dem leidenschaftlich empfindenden Menschen, der gegen die ihn so schmerzlich beengenden bürgerlichen Verhältnisse rebelliert und an der Unbedingtheit seines Fühlens und Strebens schließlich zugrunde geht. All das gestaltete Goethe mit der größten Subjektivität und Unmittelbarkeit des Ausdrucks, in einer empfindungsgesättigten, von der Fülle des Herzens überfließenden Sprache, deren emphatischer Gestus ungeheuer suggestiv wirken mußte.

Der Roman, von der jungen Leserschaft euphorisch aufgenommen, mußte noch im selben Jahr nachgedruckt werden; bis Ende 1775 erschienen nicht weniger als elf Ausgaben, zumeist Raubdrucke, während die moralisch empörte Geistlichkeit ein zeitweiliges Verkaufsverbot erwirkte. Schon bald kursierten zahlreiche Nachahmungen und Parodien, darunter Friedrich Nicolais

… mein Freund! wenn's dann um meine Augen dämmert, und die Welt um mich her und der Himmel ganz in meiner Seele ruhn wie die Gestalt einer Geliebten – dann sehne ich mich oft und denke: Ach könntest du das wieder ausdrücken, könntest du dem Papiere das einhauchen, was so voll, so warm in dir lebt, daß es würde der Spiegel deiner Seele, wie deine Seele ist der Spiegel des unendlichen Gottes! – Mein Freund – Aber ich gehe darüber zugrunde, ich erliege unter der Gewalt der Herrlichkeit dieser Erscheinungen.

Aus dem Werther-Brief vom 10. Mai 1771

›Freuden des jungen Werthers‹, die Goethe seinerseits mit einem launigen Gedicht gleichen Titels parierte. In der überhitzten Identifikation mit der Hauptfigur entbrannte ein regelrechtes »Wertherfieber«: Man kleidete sich in der Werther-Tracht mit blauem Frack und gelber Weste, besprühte sich mit »Eau de Werther«, sogar »der Chinese« malte, wie Goethe später vermerkte, »Werthern und Lotten auf Glas«, und es kam zu einer Welle von Selbstmorden im Wertherstil.

Goethe, erst 25 Jahre alt, war mit einem Schlag zu literarischer Berühmtheit gelangt. Zahlreiche Protagonisten der jungen Geniebewegung traten mit ihm in Verbindung: Jakob Michael Reinhold Lenz war Goethe bereits in Straßburg begegnet, wo er sich in der Nachfolge des Freundes glücklos um die Gunst Friederike Brions bemüht hatte. Der unglückliche, später dem Wahnsinn verfallene Autor des 1774 erschienen Dramas ›Der Hofmeister‹, begabt mit »unerschöpflicher Produktivität«, verehrte Goethe zutiefst und sah in ihm seinen »Bruder« – wenig brüderlich wird Goethe ihn später in Weimar, wie manchen anderen seiner Jugendfreunde, von sich stoßen. Zu diesen gehörten auch der seit 1774 in Frankfurt lebende Jurist Heinrich Leopold Wagner, Verfasser der ›Kindermörderin‹ (1776), einer frühen »Gretchentragödie«, und der Frankfurter Schriftsteller Friedrich Maximilian Klinger, dessen ursprünglich unter dem passenderen Titel ›Wirr-Warr‹ verfaßtes Drama ›Sturm und Drang‹ (1776) der literarischen Bewegung ihren späteren Epochennamen gab. Auch die Dichter der Klopstock-Gemeinde des »Göttinger Hainbunds«, Gottfried August Bürger, Johann Heinrich Voß, Christoph Heinrich Hölty und Friedrich Leopold Graf zu Stolberg, bemühten sich um den gefeierten jungen Autor. In dem vom Kopf des Hainbundes, Heinrich Christian Boie, herausge-

33 Jakob Michael Reinhold Lenz (1751–1792)

Aus Lenz' Gedicht ›Die Liebe auf dem Lande‹ über Goethes Begegnung mit Friederike Brion:

Denn immer, immer, immer doch
schwebt ihr das Bild an Wänden noch,
Von einem Menschen, welcher kam
Und ihr als Kind das Herze nahm.
Fast ausgelöscht ist sein Gesicht,
Doch seiner Worte Kraft noch nicht
Und jener Stunden Seligkeit
Ach jener Träume Würklichkeit ...

gebenen literarischen Jahrbuch ›Göttinger Musenalmanach‹ erschienen im Jahrgang 1774 erstmals einige der großen Hymnen Goethes. Johann Caspar Lavater, der acht Jahre ältere bekannte Züricher Theologe und Prediger, war schon vor Erscheinen des ›Werther‹ auf Goethes außerordentliches Talent aufmerksam geworden und mit ihm in intensiven Briefverkehr getreten. Er konnte ihn bald zur Mitarbeit an seinen ›Physiognomischen Fragmenten‹ (1775–1778) gewinnen, einem aufwendig illustrierten, vierbändigen Kompendium der Physiognomik, jener Kunst, »vom Äußeren auf das Innere zu schließen«, aus der individuellen Gesichtsbildung eines Menschen dessen Charakter herauszulesen.

Gemeinsam mit Lavater und dem pädagogischen Reformer Johann Bernhard Basedow unternahm Goethe im Sommer 1774 eine Reise über Lahn und Rhein, die ihn bis nach Düsseldorf führte. Hier lernte er den jungen Dichter Wilhelm Heinse kennen, und es kam zur ersten persönlichen Begegnung mit dem Philosophen Friedrich Heinrich Jacobi, dessen überzogenen Empfindsamkeitskult Goethe zuvor in frechen Spottgedichten heftig attackiert hatte. Um so erstaunter war er, in Jacobi nun einen aufgeschlossenen, liebenswürdigen Mann zu finden, mit dem ihn bald eine tiefe Freundschaft verband.

Auch die vornehme Frankfurter Gesellschaft zeigte nun neugieriges Interesse am gefeierten Junggenie, »und so beschäftigte man sich in verschiedenen Häusern mit schicklichen Negotiationen, ihn zu sehen« (DuW). Am Neujahrsabend des Jahres 1775 besuchte Goethe ein Konzert im Haus des wohlhabenden Bankiers Schönemann. Am Flügel spielte »mit bedeutender Fertigkeit und Anmut« Lili, dessen schöne sechzehnjährige Tochter. Goethe spürte noch am selben Abend »eine Anziehungskraft von der sanftesten Art« (DuW), die sich bald in tiefe Leidenschaft wandelte. Um die Geliebte so oft wie möglich zu sehen,

Je mehr ich's überdenke, je lebhafter empfinde ich die Unmöglichkeit, dem, der Goethe nicht gesehen noch gehört hat, etwas Begreifliches über dieses außerordentliche Geschöpf Gottes zu schreiben. Goethe ist, nach Heinses Ausdruck, Genie vom Scheitel bis zur Fußsohle; ein Besessener, füge ich hinzu, dem fast in keinem Falle gestattet ist, willkürlich zu handeln. Man braucht nur eine Stunde bei ihm zu sein, um es im höchsten Grade lächerlich zu finden, von ihm zu begehren, daß er anders denken und handeln soll, als er wirklich denkt und handelt. *F. H. Jacobi an C. M. Wieland, 27. August 1774*

entwickelte sich Goethe zum eifrigen Tänzer im »galonirten Rock«, begleitete Lili auf die Lustpartien und Bälle der großbürgerlichen Kreise und besuchte sie in den Landhäusern ihrer Offenbacher Verwandten.

Er zählte diese Monate später zu den glücklichsten seines Lebens. »Man fühlt wie ernst es sey. Daß es ernst bleiben müsse Entschiedenheit keine schleppenden Verhältnisse mehr anzuknüpfen«, notierte Goethe im Schema zu ›Dichtung und Wahrheit‹. Am 20. April fand auf energische Vermittlung der Heidelberger Demoiselle Delph, einer Freundin beider Familien, die Verlobung statt. Äußere Schwierigkeiten begannen das Verhältnis jedoch bald zu trüben. Lilis Mutter – der Vater war bereits 1763 gestorben – erhoffte sich eine bessere Partie für die Tochter als einen beruflich völlig ungesicherten Dichter. Auch Goethes Eltern mißbilligten die Verbindung mit einer »Staatsdame«, deren Familie zudem nicht lutherisch war, sondern der reformierten Gemeinde der Calvinisten angehörte. Goethe selbst schließlich konnte sich nur schwer in Lilis vornehme Zirkel einfinden. In den Briefen an Auguste (»Gustgen«) Stolberg, eine ferne, doch eng vertraute Seelenfreundin dieser Zeit, zeichnete er sich als albernen »Fassnachts Goethe«, als einen »Papagey auf der Stange« .

»Bin ich's noch, den du bei so viel Lichtern / An dem Spieltisch hältst? / Oft so unerträglichen Gesichtern / Gegenüberstellst?« fragte er im Gedicht ›An Belinden‹. Die »Mißtage und Fehlstunden« häuften sich, Goethe flüchtete sich in die literarische Produktion. »O wenn ich ietzt nicht Dramas schriebe ich ging zu Grund«, gestand er Gustgen. Kurz nach dem ›Werther‹ hatte er den ›Clavigo‹ abgeschlossen, nun folgte neben den Singspielen ›Erwin und Elmire‹ und ›Claudine von Villa Bella‹ das Drama ›Stella‹, in das er einiges von seiner quälenden Liebe zu Lili einfließen ließ.

34 Anna Elisabeth (Lili) Schönemann (1758–1817)

35 Scheideblick nach Italien. ▶ Zeichnung Goethes vom 22. Juni 1775

Um Abstand zu seiner verworrenen Situation zu gewinnen, auch um zu prüfen, ob er »Lili entbehren könne« (DuW), folgte Goethe einer Einladung der Brüder Friedrich Leopold und Christian Stolberg, sie auf ihrer »Geniereise« in die Schweiz zu begleiten. Am 14. Mai brach man gemeinsam auf, in Werther-Tracht gekleidet und »genialischtoll« gestimmt. Entsprechend übermütig ging es zu: Rousseaus »Naturzustand« wurde durch Nacktbaden heraufbeschworen, was sogleich einen Skandal provozierte. Goethes Reisetagebuch notiert: »voll Dursts und lachens. Gejauchz bis zwölf.« Er genoß das ausgelassene Treiben und fühlte sich zumindest für den Moment befreit von dem »Zauberfädchen«, das ihn an Lili band. In seinen Briefen grüßte er als »durchgebrochner Bär« und »entlaufene Kazze«. Auf dem Gotthard angelangt, reizte ihn der überwältigende Ausblick zur Weiterreise nach Italien, doch die Erinnerung an Lili bewog ihn schließlich zur Rückkehr.

Am 22. Juli traf Goethe in Frankfurt ein und geriet erneut in die »unseligste aller Lagen« (DuW). Man hatte Lili während seiner Abwesenheit zur Trennung gedrängt; ihm selbst hatte die Reise keineswegs die erwünschte Klärung seines Zustands gebracht: »Vergebens dass ich drey Monate in freyer Lufft herumfuhr, tausend neue Gegenstände in alle Sinnen sog«, schrieb er Gust-

gen am 3. August. Er liebte Lili, doch der Gedanke an eine dauerhafte Bindung, die ihn in seiner künstlerischen Arbeit notwendig einschränken würde, ängstigte ihn ebenso wie die Aussicht, sich jenem »polierten« Lebensstil anpassen zu müssen, der ihm zutiefst fremd war. Nach einigen Wochen qualvollen Schwankens – »Kindergelall ist der Werther … gegen das innre Zeugniss meiner Seele!« klagte er Friedrich Leopold Stolberg – wurde die Verlobung im Oktober aufgelöst.

In dieser trostlosen Situation bot sich für Goethe die Gelegenheit zur erneuten Flucht. Bereits im vorangegangenen Dezember war er mit dem achtzehnjährigen Erbprinzen Carl August von Sachsen-Weimar-Eisenach bekannt geworden. Nach einem langen Gespräch über die ›Patriotischen Phantasien‹ (1774–1786), eine Sammlung der staatspolitischen Schriften des Osnabrücker Historikers Justus Möser, hatte man schon damals einen »enthusiastischen Eindruck« voneinander gewonnen. Als Carl August, inzwischen zum Herzog ernannt, auf dem Weg nach Karlsruhe zu seiner Hochzeit mit der Darmstädter Prinzessin Louise wieder durch Frankfurt kam, lud er Goethe in seine Residenz nach Weimar ein. Dieser nahm dankbar an, doch es kam zu Komplikationen. Vergeblich wartete er mehrere Wochen auf die Kutsche des Kammerherrn von Kalb, die ihn abholen sollte, und er entschloß sich kurzfristig zur lang ersehnten Reise nach Italien. Schon auf der ersten Station in Heidelberg erreichte ihn die Nachricht, daß die Gesandtschaft des Herzogs in Frankfurt eingetroffen sei. Noch einmal änderte Goethe seinen Reiseplan, kehrte zurück und machte sich auf den Weg nach Weimar, nicht ohne wehmütige Erinnerung an Lili.

Im Herbst 1775
Fetter grüne, du Laub,
Das Rebengeländer,
Hier mein Fenster herauf.
Gedrängter quillet,
Zwillingsbeeren, und reifet
Schneller und glänzend voller.
Euch brütet der Mutter Sonne
Scheideblick, euch umsäuselt
Des holden Himmels
Fruchtende Fülle.
Euch kühlet des Monds
Freundlicher Zauberhauch,
Und euch betauen, ach,
Aus diesen Augen
Der ewig belebenden Liebe
Voll schwellende Tränen.

»Meine Schriftstellerey subordinirt sich dem Leben«

Regieren in Weimar

Weimar, dessen Tore Goethes Kutsche am frühen Morgen des 7. November 1775 passierte, zählte etwa 6000 Einwohner und glich eher einem Dorf als einer Residenzstadt. Durch die engen, verschmutzten Gassen verbreitete sich der intensive Geruch des Viehs, das der Stadthirte morgens auf die Weiden trieb. Der Hof verteilte sich auf verschiedene Gebäude der Stadt, denn das Weimarer Schloß, die sogenannte Wilhelmsburg, war im Jahr zuvor nach einem Blitzschlag abgebrannt. Der breiten Bevölkerungsschicht von Bauern, Handwerkern, Gesellen und Tagelöhnern stand der regierende Adel mit seinen rund 500 Bediensteten – Hofangestellten, Polizei- und Verwaltungsbeamten – gegenüber. Wohlhabendes mittelständisches Bürgertum war in Weimar kaum vertreten, Gewerbe und Industrie fehlten fast völlig. Eine Ausnahme bildete das »Landes-Industrie-Comptoir« des Schriftstellers und Kaufmanns Friedrich Justin Bertuch, das seit 1791 verschiedene Unternehmen vereinigte, darunter eine Fabrik für Seidenblumen – in der Goethes spätere Frau Christiane Vulpius als Näherin arbeitete – und ein großes Druckerei- und Verlagshaus.

Ähnlich verarmt und wirtschaftlich unterentwickelt wie die Residenz präsentierte sich das gesamte Herzogtum Sachsen-Weimar-

36 Das Weimarer Schloß nach dem Brand 1774

Eisenach, ein durch territoriale Erbteilungen vielfach zerstückelter Zwergstaat mit etwas mehr als 100000 Einwohnern, deren Großteil von der Landwirtschaft lebte. Auch hier gab es, von einzelnen Porzellanmanufakturen und einer bescheidenen Strumpfwirkerei in Apolda abgesehen, keinerlei Industrie. Aufgrund des schlecht ausgebauten Wegenetzes konnte Handel in größerem Ausmaß kaum gedeihen, zumal die bedeutende Ost-West-Route von Leipzig nach Frankfurt 30 Kilometer nördlich von Weimar verlief. Schuldenberge drückten das Land, das der Siebenjährige Krieg stark in Mitleidenschaft gezogen hatte, und nur unter großen Anstrengungen war es der Regentin Anna Amalia gelungen, die schlimmsten Schäden zu beseitigen und die zerrüttete Finanzlage zu stabilisieren. Bis zum Amtsantritt ihres Sohnes am 3. September 1775 hatte die früh verwitwete Herzogin und Nichte Friedrichs II. von Preußen hier 17 Jahre lang mit viel Umsicht und Geschick regiert. Berühmt wurde Anna Amalia, eine zierliche, doch sehr eigensinnige und energische Person mit großen blauen Augen, als Mittelpunkt des »Weimarer Musenhofs«, als bedeutende Förderin von Kultur und Wissenschaft, die die Blütezeit Weimars als Stadt der

37 Anna Amalia, Herzogin von Sachsen-Weimar-Eisenach (1739–1807). Gemälde von J. E. Heinsius, 1776

38 **Christoph Martin Wieland** (1733–1813). Gipsbüste von Gottlieb Martin Klauer, 1781. Wieland gilt neben Lessing als der bedeutendste Schriftsteller der deutschen Aufklärung und als wichtiger Wegbereiter der Klassik. Mit seiner dem Humanitätsideal der Antike verpflichteten ›Geschichte des Agathon‹ (1766/67) begründete er die Tradition des deutschen Bildungsromans. Zu den Hauptwerken der Weimarer Zeit (ab 1772) gehören der satirische Roman ›Die Abderiten‹ (1774), das Versepos ›Oberon‹ (1780) und der Briefroman ›Aristipp und seine Zeitgenossen‹ (1800–1802).

Künste und des Geistes eigentlich begründete. Sie war selbst musisch begabt, dichtete, malte und komponierte – unter anderem die Musik zu Goethes Singspiel ›Erwin und Elmire‹ – und »gefiel sich im Umgang mit geistreichen Personen«, wie Goethe in seinem Nachruf von 1807 hervorhob. So gelang es Anna Amalia nach und nach, eine Reihe bedeutender Köpfe an ihren Hof zu ziehen. Im Jahr 1772 hatte sie, beeindruckt von dessen Staatsroman ›Der goldene Spiegel‹ (1772), Christoph Martin Wieland als Erzieher Carl Augusts nach Weimar berufen, der hier eines der einflußreichsten Journale der Zeit, den ›Teutschen Merkur‹, begründete; ihm folgte der Literat und Übersetzer Carl Ludwig von Knebel, Goethes späterer »Urfreund«, der die Erziehung des jüngeren Prinzen Constantin übernahm. Zum engeren Kreis des Musenhofes gehörten ferner der durch seine ›Volksmärchen‹ bekannt gewordene Gymnasialprofessor Johann Carl August Musäus, die literarisch ambitionierten Kammerherren von Einsiedel und von Seckendorff, der Verleger Bertuch sowie das Hoffräulein Luise von Göchhausen und Charlotte von Stein, einstige Hofdame Anna Amalias. Auch Goethe und Herder, der auf Initiative des Freundes im Oktober 1776 die Stelle des Generalsuperintendenten in Weimar antrat, waren bald regelmäßige Gäste des geselligen Zirkels, der zu wöchentlichen Leseabenden im Wittumspalais, dem städtischen Witwensitz Anna Amalias, zusammentraf.

Mit Carl August, ihrem gerade achtzehnjährigen Sohn, stand Goethe bereits einige Monate nach seiner Ankunft »in der wahrsten und innigsten Seelen Verbindung«, und diese enge Freundschaft, eine »Ehe«, wie Goethe sie nannte, mag einer der wesentlichen Gründe dafür gewesen sein, seinen Aufenthalt in Weimar auf unbestimmte Zeit zu verlängern. Im Frühjahr 1776 bezog er das idyllische Gartenhaus an der Ilm, ein Geschenk Carl Augusts, das bis zu seinem Umzug in das repräsentative Haus am Frauenplan im Juni 1782 sein fester Wohnsitz blieb.

39 Tafelrunde bei Herzogin Anna Amalia im Wittumspalais. Aquarell von Georg Melchior Kraus, um 1795

40 Goethes Gartenhaus an der Ilm

Der junge Herzog, eine ungebärdige, stürmische Natur, genoß seine neuen herrscherlichen Freiheiten und gab wenig auf die Forderungen der höfischen Etikette: »In Weimar geht es erschrecklich zu. Der Herzog läuft mit Goethe wie ein wilder Pursche auf den Dörfern herum, er besauft sich und genießet brüderlich einerlei Mädchen mit ihm«, berichtete Johann Heinrich Voß mit einer Mischung aus Neid und Empörung im Sommer 1776 an einen Freund. Die Gerüchte um das kraftgenialische Treiben in und um Weimar drangen bis zu Klopstock, der sich veranlaßt sah, Goethe einen tadelnden Brief zu schreiben; Goethes patzige Antwort: »Verschonen sie uns ins Künftige mit solchen Briefen, lieber Klopstock!« bewirkte schließlich den Bruch. Nicht ohne psychologisches Gespür ließ sich Goethe auf die jugendlichen Ausschweifungen des Herzogs ein, denn er wußte, daß er nur auf diesem Weg das Vertrauen Carl Augusts gewinnen und erzieherischen Einfluß auf ihn nehmen konnte. »Daß ich fast zehn Jahre älter war, als er, kam unserm Verhältnis zu Gute«, bemerkte er im Alter gegenüber Eckermann. »Ich leugne nicht, er hat mir anfänglich manche Not und Sorge gemacht.

41 **Herzog Carl August von Sachsen-Weimar-Eisenach** (1757–1828). Bis 1775 steht der Herzog unter der Vormundschaft seiner Mutter Anna Amalia, zwischen 1772 und 1775 ist Wieland sein Erzieher. Durch seine Freundschaft mit Goethe und auf dessen Rat hin kommen Geistesgrößen wie Herder und Schiller nach Weimar. Die Universität Jena erlebt unter ihm einen enormen Aufschwung. 1791 gründet er das Weimarer Hoftheater. In politischer Hinsicht kommt es zunächst zur Anlehnung an Preußen. Gegen seinen Willen muß er dem napoleonischen Rheinbund beitreten (1806–1813). Bereits 1816 erhält Weimar eine Verfassung.

Doch seine tüchtige Natur reinigte sich bald und bildete sich bald zum Besten, so daß es eine Freude wurde, mit ihm zu leben und zu wirken.« In seinem 1783 entstandenen Gedicht ›Ilmenau‹, einem bilanzierenden Rückblick auf die ersten acht Weimarer Jahre, hat Goethe die sich wesentlich seinem Einfluß verdankende Wandlung Carl Augusts vom jugendlichen Hitzkopf zum verantwortungsbewußten Staatsmann gewürdigt.

Sein Vertrauen in Goethes staatspolitische Fähigkeiten bewies Carl August schon kurz nach dessen Ankunft in Weimar: Gegen den erbitterten Widerstand des Adels, der mit scharfer Kritik an der Berufung des jungen, in Dingen der Regierungs- und Verwaltungspraxis gänzlich unerfahrenen Bürgersohns nicht zurückhielt, ernannte er Goethe am 11. Juni 1776 zum Geheimen Legationsrat mit Sitz und Stimme im Geheimen Conseil. Dieses höchste Regierungsorgan des Landes setzte sich aus drei Geheimen Räten zusammen und stand dem Herzog in allen wichtigen politischen Fragen beratend zur Seite. Neben Goethe, der ein stattliches Jahresgehalt von 1200 Talern erhielt, gehörten diesem Kabinett der Wirkliche Geheime Rat und leitende Minister Jakob Friedrich Freiherr von Fritsch sowie der Geheime Assistenzrat Christian Friedrich Schnauß an; ein- bis zweimal wöchentlich fanden die Sitzungen statt, an denen Goethe bis zu seinem Ausscheiden aus dem Konsilium im Jahr 1785 regelmäßig, insgesamt über 500 Mal, teilnahm. Am 5. September 1779 erhielt er den Titel eines Geheimen Rats; 1782 ließ ihn der Herzog, um die lästigen Schranken der Standeskonvention aufzuheben, durch Kaiser Josef II. in den Adelsstand erheben.

Goethes ministerielle Tätigkeit ging weit über die Verwaltungs- und Beratungsaufgaben des Geheimen Conseils hinaus. Im Jahr 1777 übernahm er die Leitung der Bergwerkskommission, die sich der Wiederinstandsetzung des stillgelegten Ilmenauer Kupfer- und Silberbergwerks widmen sollte, um die schwache Indu-

---

So mög', o Fürst, der Winkel deines Landes
Ein Vorbild deiner Tage sein!
Du kennest lang' die Pflichten deines Standes
Und schränkest nach und nach die freie Seele ein.
Der kann sich manchen Wunsch gewähren,
Der kalt sich selbst und seinem Willen lebt;
Allein wer andre wohl zu leiten strebt,
Muß fähig sein, viel zu entbehren.

Aus ›Ilmenau‹

strie des Landes zu beleben. Mit großem Ehrgeiz verfolgte er über 30 Jahre dieses Projekt, das jedoch zu seiner tiefen Enttäuschung nach mehreren herben Rückschlägen – unter anderem einem schweren Wassereinbruch im Jahr 1796 – schließlich scheiterte. Im Januar 1779 wurde er mit dem Vorsitz der Kriegskommission betraut und reiste mehrere Wochen quer durch das Land, um persönlich die Rekrutenaushebung der Weimarer Armee zu beaufsichtigen. Gleichzeitig übertrug man ihm die Leitung der Wege- und Wasserbaukommission, in der er sich erfolgreich um die dringend notwendige Sanierung des Straßen- und Brückenwesens und einen besseren Anschluß des Landes an das Handelsnetz bemühte. Mit der Ernennung zum Kammerpräsidenten im Jahr 1782 übernahm Goethe das wichtige, zugleich undankbare Amt des Finanzministers, in dem sein Vorgänger, der Kammerherr August von Kalb, gescheitert war. Durch einige kluge finanz- und steuerpolitische Schachzüge – unter anderem reduzierte er das Heer um mehr als die Hälfte – gelang es ihm jedoch, den maroden Staatshaushalt langfristig auszugleichen.

Was bewog den Sechsundzwanzigjährigen, der sich in Frankfurt nur höchst widerstrebend der lästigen Tagespflicht juristischer Geschäfte gebeugt hatte, sich nun den vielfältigen, mitunter aufreibenden Aufgaben ministerieller Tätigkeit mit erstaunlicher Energie und Hingabe zu widmen? Über die Freundschaftspflicht für Carl August hinaus war es sicher die Aussicht, der Enge des Frankfurter Bürgertums zu entkommen, sich im Wirkungskreis der höfischen Gesellschaft, die er bisher nur von außen kennengelernt hatte, zu erproben und – wenn auch im bescheidenen Rahmen eines Duodezfürstentums – an den Regierungsgeschäften der »großen Welt« mitzuwirken: »Ich bin nun ganz in alle Hof- und politische Händel verwickelt und werde fast nicht wieder weg können«, schrieb Goethe bereits am 22. Januar 1776 an Merck. »Meine Lage ist vorteilhaft genug, und die Herzog-

Unsern Goethe habe ich seit acht Tagen nicht sehen können. Er ist nun Geheimer Legationsrat, und sitzt im Ministerio unseres Herzogs – ist Favorit-Minister, Factotum und trägt die Sünden der Welt. Er wird viel Gutes schaffen, viel Böses hindern, und das muß – wenn's möglich ist – uns dafür trösten, daß er als Dichter wenigstens für viele Jahre verloren ist. Denn Goethe tut nichts halb. Da er nun einmal in diese neue Laufbahn getreten ist, so wird er nicht ruhen, bis er am Ziel ist; wird als Minister so groß sein, wie er als Autor war.

Christoph Martin Wieland an Johann Caspar Lavater, 22. Juni 1776

thümer Weimar und Eisenach immer ein Schauplatz, um zu versuchen, wie einem die Weltrolle zu Gesicht stünde« – auch wenn von dieser Warte aus, so fügte er mit realistischem Blick hinzu, »das durchaus Scheisige dieser zeitlichen Herrlichkeit« besonders deutlich vor Augen trat.

Es war nicht nur die »Weltrolle«, die Goethe reizte. Aus den Tagebuchnotizen der ersten Weimarer Jahre geht hervor, wie sehr er seine politische Praxis zunehmend als persönliche Bewährungsprobe und als Selbstprüfung verstand. »Tätigkeit« wurde ihm nun zum Leitbegriff, zur sittlichen Forderung, der es sich täglich neu zu stellen galt. »Der Druck der Geschäffte ist sehr schön der Seele, wenn sie entladen ist spielt sie freyer und geniest des Lebens. Elender ist nichts als der behagliche Mensch ohne Arbeit, das schönste der Gaben wird ihm eckel«, lautet ein Eintrag vom 13. Januar 1779. Anders als Frankfurt, wo er doch »mit der grössten Lust nichts thun« konnte (an Johanna Fahlmer, Februar 1776), bot ihm Weimar in der täglichen Auseinandersetzung mit den Widerständen der sozialen Wirklichkeit die Chance, sinnvoll zu wirken: tätig und nützlich zu sein im Sinne einer praktischen Humanität, wie er sie dann programmatisch in seinem Gedicht ›Das Göttliche‹ (1783) formuliert hat: »Edel sei der Mensch, / Hilfreich und gut! …«

Neben seinen zahlreichen Regierungspflichten übernahm Goethe, der »Zauberer«, der »schöne Hexenmeister«, wie Wieland ihn pries, die Rolle des Hofpoeten. Als Maître de plaisir des Musenhofes arrangierte er Feste, Leseabende und sogenannte »Redouten«: Maskenaufzüge, die vor allem jeweils zum Geburtstag der Herzogin Louise am 30. Januar aufgeführt wurden. Für das höfische Liebhabertheater entstand eine Reihe dramatischer Gelegenheitsproduktionen: die Singspiele ›Lila‹ (1777), ›Jery und Bätely‹ (1780) und ›Die Fischerin‹ (1782) – inszeniert als stimmungsvolles »Rembrandtsches Nachtstück« im Park der

Dieser junge feurige Doktor Goethe brachte eine wunderbare Revolution in Weimar hervor, das bisher ziemlich philisterhaft war und nun plötzlich genialisiert wurde.

Christoph Wilhelm Hufeland, 1776

Sommerresidenz Tiefurt –, Gesellschaftsstücke wie ›Die Geschwister‹ (1776) und die dritte Fassung der ›Mitschuldigen‹ (1783), eine Neubearbeitung der ›Vögel‹ nach Aristophanes (1780) sowie die »dramatische Grille« ›Der Triumph der Empfindsamkeit‹ mit dem eingeschalteten Monodrama ›Proserpina‹ (1778), eine anspielungsreiche, nicht ohne Selbstironie verfaßte Satire auf den Empfindsamkeitskult und die überspannte Rezeption des ›Werthers‹. Einen Höhepunkt in der Geschichte des Hoftheaters bildete die erste Aufführung der – noch in Prosa verfaßten – ›Iphigenie auf Tauris‹ am 6. April 1779 mit der ebenso schönen wie begabten Schauspielerin Corona Schröter in der Titelrolle, Goethe selbst als Orest, Knebel als Thoas und Prinz Constantin in der Rolle des Pylades.

Zur engsten Vertrauten Goethes während des ersten Weimarer Jahrzehnts, zum eigentlichen Mittelpunkt seines Lebens und Dichtens, wurde die Hofdame Charlotte von Stein. Schon wenige Tage nach seiner Ankunft war er ihr begegnet: »eine herrliche Seele ..., an die ich so was man sagen mögte geheftet und genistelt bin«, schrieb er im Februar 1776 an eine Freundin in Frankfurt. Charlotte von Stein, aufgewachsen in der Sphäre des Hofes und ganz vom aristokratischen Lebensstil und den Formen des höfischen Decorum geprägt, war sieben Jahre älter als Goethe, eine zarte, kränkelnde Frau, die in ihrer Neigung zur Melancholie und der kühlen Strenge ihres Wesens Goethes Schwester Cornelia glich. In den ersten neun Jahren ihrer glücklosen Ehe mit dem herzoglichen Stallmeister Josias von Stein hatte sie unter schweren gesundheitlichen Belastungen sieben Kinder zur Welt ge-

42 Charlotte von Stein (1742–1827). Kreidezeichnung Goethes von 1777

bracht, von denen nur die drei Jungen das Kindesalter überlebten.

Mit einem zwiespältigen Gefühl aus Faszination und Abwehr begegnete Charlotte dem – so mußte es ihr erscheinen – ziemlich ungenierten Werben des jungen ›Werther‹-Dichters und Günstlings bei Hofe, der nun in ihr bisher eher tristes Leben trat, sie mit täglichen Besuchen und flammenden Episteln bestürmte: »Liebe Frau, leide dass ich dich so lieb habe. Wenn dich iemand lieber haben kann, will ich dir's sagen. Will dich ungeplagt lassen. Adieu Gold. du begriffst nicht wie ich dich lieb hab.« (28. Januar 1776). Die eigene tiefe Zuneigung eher verbergend, hielt Charlotte ihn auf Distanz, mokierte sich über sein ungehobeltes Geniegebaren, versagte ihm auch das vertrauliche »Du« und begann – ihren Maximen der Selbstbeherrschung und »inneren Reinheit« folgend – mäßigend auf ihn einzuwirken. »Besänftigerin«, »Engel« nannte er sie und sprach in seinen Gedichten (›Jägers Nachtlied‹, ›An den Mond‹) immer wieder vom läuternden Einfluß ihres Wesens auf sein rastloses, schwankendes Gemüt. Die mehr als 1600 an Charlotte gerichteten Briefe und »Zettelgens« zeugen von der Intensität dieser zehn Jahre währenden, höchst komplizierten Seelenliebe, die bei der größten inneren Nähe jede körperliche Intimität ausschloß und die Goethe daher bald als »eine anhaltende Resignation« bezeichnete. »Sie kommen mir eine Zeither vor wie Madonna die gen Himmel fährt, vergebens dass ein rückbleibender

43 Goethe im Jahr 1775/1776. Gemälde von Georg Melchior Kraus

Sie ist ohne alle Prätension und Ziererei, gerad, natürlich frei, nicht zu schwer und nicht zu leicht, ohne Enthusiasmus und doch mit geistiger Wärme, nimmt an allem Vernünftigen Anteil und an allem Menschlichen, ist wohl unterrichtet und hat feinen Takt, selbst Geschicklichkeit für die Kunst.

Carl Ludwig von Knebel über Charlotte von Stein

… Sag', was will das Schicksal uns bereiten?
Sag', wie band es uns so rein genau?
Ach, du warst in abgelebten Zeiten
Meine Schwester oder meine Frau;

Kanntest jeden Zug in meinem Wesen,
Spähtest, wie die reinste Nerve klingt,
Konntest mich mit einem Blicke lesen,
Den so schwer ein sterblich Aug' durchdringt.
Tropftest Mäßigung dem heißen Blute,
Richtetest den wilden irren Lauf,
Und in deinen Engelsarmen ruhte
Die zerstörte Brust sich wieder auf;
Hieltest zauberleicht ihn angebunden
Und vergaukeltest ihm manchen Tag.
Welche Seligkeit glich jenen Wonnestunden,
da er dankbar dir zu Füßen lag,
Fühlt' sein Herz an deinem Herzen schwellen,
Fühlte sich in deinem Auge gut,
Alle seine Sinnen sich erhellen
Und beruhigen sein brausend Blut.

Und von allem dem schwebt ein Erinnern
Nur noch um das ungewisse Herz,
Fühlt die alte Wahrheit ewig gleich im Innern,
Und der neue Zustand wird ihm Schmerz.
Und wir scheinen uns nur halb beseelet,
Dämmernd ist um uns der hellste Tag.
Gücklich, daß das Schicksal, das uns quälet,
Uns doch nicht verändern mag.

Aus ›Warum gabst du uns die tiefen Blicke‹

seine Arme nach ihr ausstreckt«, schrieb er Charlotte im Oktober 1776. Auch hier war es das paradoxe Werther-Gefühl einer süßen Qual der Unerreichbarkeit, das die Anziehungskraft dieser eigentümlich kühlen, zugleich empfindsam-verständigen Frau für Goethe unendlich steigerte. In dem bereits im April 1776 entstandenen, als Anruf an das Schicksal formulierten Gedicht ›Warum gabst du uns die tiefen Blicke‹ hat er versucht, das Verhältnis in seiner ganzen Ambivalenz von Nähe und Distanz, Hoffnung und schmerzlicher Entsagung, zu fassen. Nur im imaginierten Traumbild einer seligen Vergangenheit, in der Einheit von geschwisterlicher und ehelicher Liebe erfüllt sich jenes »wechselseit'ge Glück«, das die Gegenwart so schmerzhaft »versagt«.

Obwohl sich die Beziehung ab 1781 noch einmal deutlich vertiefte – Charlotte gewährte dem Freund nun das »Du«, er selbst wünschte sich »ein

Gelübde oder Sakrament ..., das mich dir auch sichtlich und gesezlich zu eigen machte« – mußten Goethe die hohen Anforderungen einer solcherart vergeistigten, sublimierten Liebe auf die Dauer belasten. Mit seinem heimlichen Aufbruch nach Italien im Jahr 1786 floh er nicht allein vor dem zunehmenden Druck der Amtsgeschäfte, er entzog sich auch dem Bann Charlotte von Steins. Sie selbst, die zuletzt immer eifersüchtiger von ihm Besitz ergriffen hatte, zeigte sich nach Goethes Rückkehr im Jahr 1788 tief gekränkt, forderte alle ihre Briefe zurück und vernichtete sie. Erst im Alter kam es zur behutsamen Wiederannäherung an den einstigen Seelenfreund; man blieb allerdings beim höflich-distanzierten »Sie«.

Das sich unter dem Einfluß Charlotte von Steins immer stärker herausbildende Bedürfnis Goethes nach »Mäßigung«, »Klarheit« und »Ruhe« angesichts seiner noch immer verworrenen und unruhigen Seelenlage bestimmte auch die Lyrik des ersten Weimarer Jahrzehnts. Fragen an das göttliche Schicksal (›Seefahrt‹), Zweifel über den eingeschlagenen Lebensweg, Selbstvergewisserung der eigenen Dichterexistenz (›Harzreise im Winter‹) und die tiefe Sehnsucht nach innerem »Frieden« (›Wandrers Nachtlied‹) rückten nun ins Zentrum der poetischen Reflexion. Besonders in den Natur- und Nachtgedichten wird die Abkehr vom expressiven Gefühlsüberschwang der Frankfurter Hymnen deutlich: gemäßigt, fast schwebend erscheint der Ton, schlicht und sentenzenhaft knapp die Sprache, die eine neue kontemplative Haltung zum Ausdruck bringt. Ihren Höhepunkt findet diese Tendenz in den wohl berühmtesten Goethe-Versen, die er – der Geschäftigkeit des Tages entflohen – am Abend des 6. September 1780 in die Bretterwand der Jagdhütte auf dem Kickelhahn oberhalb Ilmenaus ritzte: »Über allen Gipfeln / Ist Ruh, / ...«

Seine ersten Weimarer Jahre hat Goethe rückblickend als wichtige Epoche der inneren Reifung und Selbstdisziplinierung gewer-

Über allen Gipfeln
Ist Ruh,
In allen Wipfeln
Spürest du
Kaum einen Hauch;
Die Vögelein schweigen im Walde.
Warte nur, balde
Ruhest du auch. ›*Ein Gleiches*‹

44 Aufführung von ›Iphigenie auf Tauris‹ mit Goethe als Orest. Gemälde von Georg Melchior Kraus

tet. Nicht zuletzt durch die Übernahme der amtlichen Pflichten gelang es ihm, sich allmählich von den leidenschaftlichen »Verworrenheiten« der Sturm-und-Drang-Zeit zu lösen, neue Klarheit und Objektivität in bezug auf sich selbst zu gewinnen. Als Bitte an »Gott« notierte er am 7. August 1779 in sein Tagebuch: »Lasse uns von Morgen zum Abend das gehörige thun und gebe uns klare Begriffe von den Folgen der Dinge ... Möge die Idee des reinen die sich bis auf den Bissen erstreckt den ich in Mund nehme, immer lichter in mir werden.« Das Streben nach »Reinheit« und »Humanität« motivierte nicht allein Goethes soziales Engagement – wie es sich etwa in seiner rührenden Zuwendung zu dem mittellosen Schweizer Hirtenjungen Peter im Baumgarten zeigte. Während der Rekrutenaushebung in Apolda, die ihn unmittelbar mit dem Elend der arbeitslosen Strumpfwirker konfrontierte, schrieb er an der ersten Fassung der ›Iphigenie auf Tauris‹: Im autonomen sittlichen Handeln offenbart sich Iphigeniens »reine Menschlichkeit«, die sie einer von Machtkalkül, List und mythischer Befangenheit bestimmten Welt entgegensetzt, um am Ende den moralischen Sieg über den Barbaren Thoas davonzutragen. Von der Spannung zwischen der ernüchternden Realität und dem Humanitätsideal des Stükkes berichtete Goethe in seinem Brief an Charlotte von Stein vom 6. März 1779: »Hier will das Drama gar nicht fort, es ist verflucht, der König von Tauris soll reden als wenn kein Strumpf-

45 Jagdhütte auf dem Kickelhahn bei Ilmenau

würcker in Apolde hungerte.« Gottähnlichkeit des Menschen durch einzelne gute Werke praktischer Humanität, Anerkennung zugleich aber auch der Grenzen, die ihm, dem Sterblichen, im Vergleich zu den Göttern gesetzt sind: Davon sprechen die beiden, an den thematischen Kontext der ›Iphigenie‹ anknüpfenden Hymnen ›Das Göttliche‹ und ›Grenzen der Menschheit‹.

Seit den frühen achtziger Jahren widmete sich Goethe verstärkt der Naturforschung, jenem Bereich, den er dann bis zu seinem Lebensende mit erstaunlicher Konsequenz, zeitweise mit geradezu verbissenem Ehrgeiz verfolgte. Die Beschäftigung mit dem Ilmenauer Bergbau weckte zunächst sein Interesse an geologischen Fragen, das sich bald auch auf die Gebiete der Mineralogie und Botanik erstreckte. Auf der Grundlage umfangreicher praktischer Studien zur Gesteinsbildung, unternommen vor allem während seiner drei Reisen in den Harz und auf der zweiten Schweizreise mit Carl August im Herbst 1779, entstand der Plan zu einem als Theorie der Erdgeschichte gedachten Roman ›Über das Weltall‹. In einer Vorstudie zu diesem (später nicht ausgeführten) Projekt, dem Aufsatz ›Über Granit‹ (1784), legte Goethe die Summe seiner geologischen Anschauungen dar. Im Granit sah er das »Urgestein« der Erde, aus dem sich allmählich durch Kristallisationsprozesse alle anderen Gesteinsarten gebildet hätten. In Übereinstimmung mit Herder, der ab 1784 sein großangelegtes Werk ›Ideen zur Philosophie der Geschichte der Menschheit‹ in vier Bänden herausbrachte, an dessen Entstehung Goethe regen Anteil nahm, erklärte Goethe die Bildung der Erdkruste durch Sedimentation von Kristallen des zurückströmenden Urmeeres. Als Anhänger dieser »Neptunistischen Theorie« wandte er sich gegen die Verfechter des »Vulkanismus«, die die Erdformation auf die Wirkung des Feuers, Vulkanausbrüche und Erdbeben zurückführten.

Goethe lebte der Ansicht, daß die Natur ihre Geheimnisse von selbst darlegen müsse, daß sie bedenken, sie beschreiben nur die durchsichtige Darstellung ihres ideellen Inhalts sei ... Es ist ein produktives Denken im Rahmen wissenschaftlicher Themen, ein weittragendes perspektivisches Einfühlen von Zusammenhängen und Ursprüngen, ein Eintauchen des Denkens in den Gegenstand und eine Osmose des Objekts in den anschauenden Geist.

Gottfried Benn, ›Goethe und die Naturwissenschaft‹

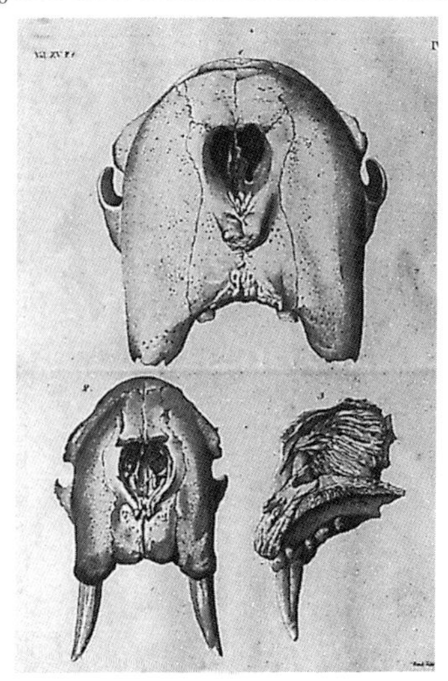

46 Der Zwischenkieferknochen. Kupfertafel zu der Druckschrift ›Über den Zwischenkiefer des Menschen und der Thiere‹, Jena 1786

Durch seine Verbindungen zur Universität Jena und zu dem dort lehrenden Anatom Justus Christian Loder erwachte schließlich das Interesse an vergleichender Anatomie. Untersuchungen zur Bildung des menschlichen Knochenbaus, insbesondere des Schädels, führten Goethe 1784 zur Entdeckung des *os intermaxillare*, des menschlichen Zwischenkieferknochens. Hatte man die Existenz dieses Knochens bis dahin allein bei Tieren nachgewiesen und sein Fehlen beim Menschen als theologisches Indiz für dessen Sonderstellung innerhalb der Schöpfung gedeutet, so sah Goethe nun seine Annahme einer – bereits auf die Entwicklungslehre Darwins vorausweisenden – »Urform und Verwandtschaft aller Lebewesen« bestätigt.

Seine intensiven Naturstudien verstand Goethe zugleich als bewußten Rückzug des »Privatmenschen« vom öffentlichen Leben des Ministers und Hofdichters. Obwohl er die Mühen des Regierungsalltags zunächst als dankbare Herausforderung auf sich genommen hatte, häuften sich in Briefen und Tagebuchnotizen bald auch Äußerungen des Unmuts und der Resignation: »Ich bin nicht zu dieser Welt gemacht, wie man aus seinem Haus tritt geht man auf lauther Koth … Es wachsen täglich neue Beschwerden, und niemals mehr als wenn man Eine glaubt gehoben

---

Ich habe gefunden weder Gold noch Silber, aber was mir eine unsägliche Freude macht – das os intermaxillare des Menschen! … Nur bitt' ich Dich, laß Dir nichts merken, denn es muß geheim behandelt werden. Es soll dich auch recht herzlich freuen, denn es ist wie der Schlußstein zum Menschen, fehlt nicht, ist auch da!

Goethe an Herder, 27. März 1784

zu haben.« Hatte Goethe schon 1779 in einem Brief an Kestner geklagt: »Meine Schriftstellerey subordinirt sich dem Leben«, so wurde ihm in den folgenen Jahren mehr und mehr bewußt, wie sehr er sich unter der Last der täglichen Amtsgeschäfte von seiner eigentlichen Existenz entfremdet hatte: »Wieviel wohler wäre mir's wenn ich von dem Streit der politischen Elemente abgesondert ... den Wissenschaften und Künsten wozu ich gebohren bin, meinen Geist zu wenden könnte«, schrieb er Charlotte von Stein im Juni 1782. Bis auf die Prosafassung der ›Iphigenie‹ konnte er keines der bedeutenden literarischen Werke, die bereits in Teilen oder als Entwurf vorlagen, während des ersten Weimarer Jahrzehnts vollenden: Die großen Dramen ›Torquato Tasso‹, ›Egmont‹, ›Faust‹ und der Theaterroman ›Wilhelm Meisters theatralische Sendung‹ blieben Fragment.

Der Verdruß über die zermürbenden Regierungsgeschäfte, das immer stärker als Belastung empfundene Verhältnis zu Charlotte von Stein, schließlich der Wunsch, »sich zu poetischer Produktivität wiederherzustellen«, führten dann im Jahr 1786 zu Goethes Entschluß, sich für unbestimmte Zeit von Weimar zu entfernen. Schon in den Mignon-Liedern der ›Theatralischen Sendung‹ – ›Kennst du das Land, wo die Zitronen blühn‹ – hatte er seiner Italien-Sehnsucht Ausdruck verliehen; endlich wollte er nun jenes ferne »Paradies«, das ihm seit frühester Jugend aus den Schilderungen seines Vaters so vertraut erschien, mit eigenen Augen sehen. Von einer Badereise nach Karlsbad brach er am Morgen des 3. September heimlich auf, im Gepäck neben »Mantelsack und Dachsranzen« ein großes Paket seiner unvollendeten Schriften. An den Herzog erging eine Nachricht mit der Bitte um unbefristeten Urlaub: »... ich gehe ganz allein, unter einem fremden Namen und hoffe von dieser etwas sonderbar scheinenden Unternehmung das Beste.«

Das Ziel meiner innigsten Sehnsucht, deren Qual mein ganzes Inneres erfüllte, war Italien, dessen Bild und Gleichnis mir viele Jahre vergebens vorschwebte, bis ich endlich durch kühnen Entschluß die wirkliche Gegenwart zu fassen mich erdreistete.

Aus ›Campagne in Frankreich‹

»Hab ich den Himmel nicht hier?«
Reise nach Italien

Eilig ließ Goethe die ersten Stationen der Reise – Regensburg, München, Innsbruck – hinter sich und erreichte am 8. September den Brenner. Von dort führte der Weg über Trient und den Gardasee nach Verona, wo er begeistert das Amphitheater als erstes Zeugnis der Antike in Augenschein nahm. In einem Reisetagebuch für Charlotte von Stein hielt er die Fülle seiner neuen Eindrücke fest, immer staunend über die »ganz andre Elasticität des Geistes«, die er nun an sich wahrnahm. Mit hellwachem Blick nahm er alles in sich auf, sammelte akribisch Daten zu Witterung, Gesteinsformen und Pflanzenarten des Landes, das er wie ein Heimkehrender betrat: »... da fühlt man sich doch einmal in der Welt zu Hause und nicht wie geborgt, oder im Exil.« (›Italienische Reise‹, im folgenden als IR).

Von Verona ging es weiter nach Vicenza; der einwöchige Aufenthalt galt vor allem den klassizistischen Bauten Andrea Palladios, des großen Architekten der Spätrenaissance, der Goethe

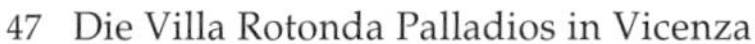

47 Die Villa Rotonda Palladios in Vicenza

wie eine Offenbarung erschien. »Es ist wirklich etwas Göttliches in seinen Anlagen, völlig wie die Force des großen Dichters, der aus Wahrheit und Lüge ein Drittes bildet, dessen erborgtes Dasein uns bezaubert« (IR). Nach einem kurzen Halt in Padua erreichte er am Abend des 28. September, mit der Gondel »aus der Brenta in die Lagunen einfahrend«, Venedig. Zwei Wochen blieb er, um sich auch hier den Bauwerken Palladios zu widmen und das wimmelnde »öffentliche Daseyn« des vom milden südlichen Klima begünstigten »Volkes« zu beobachten. Mit geschmeichelter Skepsis registrierte er im Tagebuch auch die erste erotische Offerte: »Heut hat mich zum erstenmal ein feiler Schatz bey hellem Tage in einem Gäßgen beym Rialto angeredet.«

Immer stärker wuchs jedoch die Ungeduld, »eine Sehnsucht von dreißig Jahren« zu stillen und Rom zu sehen, das eigentliche Ziel seiner Reise. Zügig passierte Goethe die nächsten Stationen Ferrara, Cento und Bologna, wo seine ganze Bewunderung den Gemälden Raffaels galt; besonders faszinierten ihn dessen ›Heilige Cäcilie‹ und das ›Bildnis der St. Agatha‹, deren »gesunde, sichere Jungfräulichkeit« ihn sogleich an seine Iphigenie erinnerte. Nur drei Stunden nahm er sich für Florenz, um nach mehrtägiger anstrengender Fahrt durch Mittelitalien endlich am 29. Oktober durch die Porta del Popolo in Rom, »dieser Hauptstadt der Welt«, einzufahren. Das Tagebuch verzeichnet nur noch ein sprachloses »ich bin hier«. Unter dem Namen »Filippo Miller, tedesco, pittore« – seinem »wunderlichen, vielleicht grillenhaften Halbinkognito« – bezog Goethe ein einfaches Zimmer in der Casa Moscatelli am Corso 20 gegenüber dem Palazzo

48 ›Die heilige Cäcilie‹. Gemälde von Raffael, 1514

49 ›Capriccio mit dem Kolosseum‹. Gemälde von Canaletto, 1742/1747

Rondanini, wo sich um den seit drei Jahren in Rom lebenden Maler Wilhelm Tischbein eine deutsche Künstlerkolonie versammelt hatte.

Die Zeit seines ersten viermonatigen Aufenthalts galt dem nahezu ununterbrochenen Studium der großen Altertümer und der bedeutenden Werke der Renaissance. Goethe orientierte sich dabei maßgeblich am Kunstgeschmack Winckelmanns, dessen ›Geschichte der Kunst des Altertums‹ ihm neben dem ›Volkmann‹, dem Baedeker seiner Zeit, zum wichtigsten Führer wurde. Fast aussichtslos erschien ihm allerdings schon bald sein Bemühen, die überwältigende Fülle der »herrlichen Gegenstände« ganz zu erfassen: »Einige reißen uns mit Gewalt an sich, daß man eine Zeitlang gleichgültig, ja ungerecht gegen andere wird. So hat … das Pantheon, der Apoll von Belvedere, einige kolossale Köpfe und neuerlich die Sixtinische Kapelle so mein Gemüt eingenommen, daß ich daneben fast nichts mehr sehe.« (IR)

Am 22. Februar des folgenden Jahres brach Goethe gemeinsam mit Tischbein zu einer Reise in den Süden Italiens auf. Die arkadische Küstenlandschaft am Golf von Neapel brachte ihm die erhoffte Erholung von den römischen Kunsteindrücken: »Wenn man in Rom gern studieren mag, so will man hier nur leben« (IR). Vier Wochen blieb er in Neapel, ließ das bunte Volksleben auf sich wirken, vertiefte vor allem seine geologischen und botanischen Kenntnisse durch mehrfache Besteigung

50 Johann Heinrich Wilhelm Tischbein (1751–1829). Selbstbildnis, um 1787

51 Ansicht von Neapel mit Vesuv. Gemälde von Joseph Vernet (1714–1789)

des Vesuvs und intensive Studien zur exotischen Vegetation. Ende März setzte Goethe mit dem Schiff nach Sizilien über. Erst hier glaubte er – eine homerische Landschaft vor Augen –, den wahren »Schlüssel« zur antiken Welt gefunden zu haben, und entwarf sogleich den Plan zu einem (Fragment gebliebenen) Drama über die Begegnung des schiffbrüchigen Odysseus mit der Königstochter Nausikaa, »da ich mich auf dem überklassischen Boden in einer poetischen Stimmung fühlte, in der ich das, was ich erfuhr, was ich sah, ... alles auffassen und in einem erfreulichen Gefäß bewahren konnte« (IR). Am 7. Juni traf Goethe wieder in Rom ein, wo er noch fast ein ganzes Jahr blieb, bis er kurz nach Ostern 1788 seine Rückfahrt nach Weimar antrat.

Was den Siebenunddreißigjährigen letztlich zu seiner Flucht nach Italien bewogen hatte, faßte er in einem Brief an Carl August vom 25. Januar 1788 zusammen: »Die Hauptabsicht meiner Reise war: mich von den physisch-moralischen Übeln zu heilen die

Neapel ist ein Paradies, jedermann lebt in einer Art von trunkener Selbstvergessenheit. Mir geht es ebenso, ich erkenne mich kaum, ich scheine mir ein ganz anderer Mensch.

›Italienische Reise‹, 16. März 1787

mich in Deutschland quälten und mich zuletzt unbrauchbar machten; sodann den heißen Durst nach wahrer Kunst zu stillen, das erste ist mir ziemlich, das letzte ganz geglückt.« Der Wunsch nach innerer Heilung und Selbsterneuerung entsprang jener tiefen Identitäts- und Schaffenskrise, in die er während der letzten Jahre seines Weimarer »Doppellebens« geraten war. Mit dem heimlichen Aufbruch gen Süden verband sich die Hoffnung auf eine grundlegende Revision seines Lebens: Als »ganzer Mensch«, vor allem als Künstler, wollte Goethe sich wiederfinden. In Italien suchte er das Bedeutende, Vorbildliche und zeitlos Gültige: die »Gegenwart des klassischen Bodens … Ich nenne dies die sinnlich geistige Überzeugung, daß hier das Große war, ist und sein wird« (IR). Nur hier konnte er sich jenem umfassenden Bildungs- und Erkenntnisprozeß unterziehen, der auf nichts Geringeres als auf die Umformung seines Ichs »von innen heraus« zielte und die er dann mit immer neuen Wendungen als »Wiedergeburt«, »einen zweiten Geburtstag«, »ein neues Leben« und als kathartische Lösung von einer »langen Stockung« beschrieben hat: »In Rom hab' ich mich selbst zuerst gefunden, ich bin zuerst übereinstimmend mit mir selbst glücklich und vernünftig geworden« (IR). Tischbeins be-

52 Johann Heinrich Wilhelm Tischbein, ›Goethe in der Campagna‹, 1786–1788

rühmt gewordenes Aquarell, das den Dichter rückwärtsgewandt in gelassener Haltung am Fenster seiner römischen Wohnung zeigt, hat das neugewonnene Lebensgefühl eines ruhigen Behagens auf anrührende Weise festgehalten. Noch das autobiographische Spätwerk der ›Italienischen Reise‹, das Goethe erst nach 30 Jahren aus den Originalbriefen und Tagebuchaufzeichnungen seines Aufenthalts zusammenfügte, trägt die Signatur dieser elementaren Glückserfahrung.

53 Goethe am Fenster der römischen Wohnung am Corso. Aquarell von Johann Heinrich Wilhelm Tischbein, 1787

Die »Wiedergeburt« vollzog sich zunächst als eine neue Art der Wahrnehmung; Goethe nannte sie »das Auge licht sein zu lassen« und meinte damit eine Betrachtungsweise, die sich frei von aller »Prätention« ganz auf den objektiven Eindruck des Gegenstands richten müsse. Es komme darauf an, »die Sachen um ihrer selbst willen zu sehen, den Künsten aufs Mark zu dringen, das Gebildete und Hervorgebrachte nicht nach dem Effekt den es auf uns macht, sondern nach seinem innern Werte zu beurteilen« (an Herzogin Louise, 23. Dezember 1786). Die Gegenstände in ihrer »reinen Form« zu erfassen, ihren immanenten Gesetzmäßigkeiten nachzuspüren, schauend sich zugleich selbst an ihnen zu bilden und »kennenzulernen«: Dies ist der Grundgedanke, der Goethes gesamte Reise bestimmt. Sein »Beobachtungsgeist« galt nicht nur den Werken der Kunst, sondern eben-

Die Urpflanze wird das wunderlichste Geschöpf von der Welt über welches mich die Natur selbst beneiden soll. Mit diesem Modell und dem Schlüssel dazu, kann man alsdann noch Pflanzen ins Unendliche erfinden, die konsequent sein müssen, das heißt: ... eine innerliche Wahrheit und Notwendigkeit haben. Dasselbe Gesetz wird sich auf alles übrige Lebendige anwenden lassen.

An Charlotte von Stein, 8. Juni 1787

so der Natur und den »Sitten der Völker«, jenen Bereichen, die er später als die »drei großen Weltgegenden« bezeichnete, deren Studium ihn in Italien beschäftigt habe. Immer wieder suchte er nach dem Typischen, Allgemeingültigen der Erscheinungen. So glaubte er im Botanischen Garten von Palermo das Grundmuster des Pflanzenwachstums in der Gestalt einer »Urpflanze« bestätigt zu finden, an der er dann seine Lehre der Metamorphose entwickeln sollte.

Auch der Kunst näherte sich Goethe mit dem sachlichen Blick des Forschers und fand hier die gleichen gestaltbildenden Gesetze, die er in der Natur beobachtete: »Diese hohen Kunstwerke sind zugleich als die höchsten Naturwerke von Menschen nach wahren und natürlichen Gesetzen hervorgebracht worden. Alles Willkürliche, Eingebildete fällt zusammen, da ist die Notwendigkeit, da ist Gott« (IR). »Wahrheit«, »Notwendigkeit«, »Größe«, »sichere Gegenwart« und »geschlossene Form« lauten die Leitbegriffe, mit denen er sein klassisches Kunstideal immer wieder umkreist und das ihm in vollendeter Form in den Werken Palladios und Raffaels, vor allem aber in der antiken Skulptur des Apoll von Belvedere begegnet: »Das größte Werk … und das genialischste, daß man sagen muß es scheint unmöglich.« Die Summe seiner in Italien gewonnenen Kunstanschauungen legte Goethe in dem späteren Aufsatz ›Über einfache Nachahmung der Natur, Manier, Stil‹ (1789) dar; den auf Objektivität und innere Gesetzmäßigkeit gerichteten »Stil« als höchste künstlerische Leistung grenzt er darin ab von den ästhetischen Vorstufen der rein mimetisch verfahrenden »Nachahmung« und der von der Subjektivität des Künstlers beherrschten »Manier«.

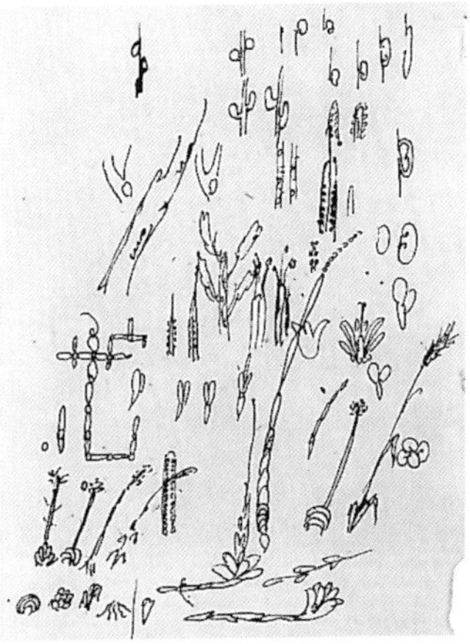

54 Sproß-, Blüten- und Verzweigungssysteme. Zeichnung Goethes in einem Notizheft der Italienreise, Sommer 1787

In zahlreichen ethnographischen Studien – besonders im später der ›Italienischen Reise‹ beigefügten Aufsatz über ›Das Römische Karneval‹ – widmete sich Goethe der dritten »Weltgegend«, dem Volk. Auch hier beschäftigte ihn das Gesetzmäßige und Typische: die Frage, wie sich bestimmte kulturelle Muster, Sitten und Verhaltensweisen unter spezifischen klimatischen Bedingungen entwickeln. Ein »notwendiges unwillkürliches Daseyn«, eine »freie Art Humanität« beobachtete er am italienischen Volk ebenso wie den »öffentlichen« Charakter aller gesellschaftlichen wie privaten Lebensformen und die Lust an theatralischer Selbstinszenierung: »Übrigens schreien, schäkern und singen sie den ganzen Tag, werfen und balgen sich, jauchzen und lachen unaufhörlich. Die milde Luft, die wohlfeile Nahrung läßt sie leicht leben. Alles, was nur kann, ist unter freiem Himmel.« (IR)

Seine Zeit in Italien erlebte Goethe nicht zuletzt als sinnliche »Wiedergeburt«. Auch in dieser Hinsicht konnte er von der Lösung einer »langen Stockung« sprechen: Nach Jahren eines unterdrückten Begehrens in der Beziehung zu Charlotte von Stein fand er hier zum ersten Mal zur vollen erotischen Erfüllung. Es fehlte nicht an ebenso hübschen wie »gefälligen« Malermodellen, und in der Kammer am Corso lag – einer launigen Federzeichnung Tischbeins zufolge – stets ein zweites Kopfkissen auf dem breiten Bett bereit. Goethe selbst äußerte sich zu seinen römischen Liebesangelegenheiten allenfalls in vagen Andeutungen. Die jungenhaft gespreizte Pose allerdings, mit der der Achtunddreißigjährige in einem Brief an Carl August (22. Februar 1788) über die Vorzüge der geschlechtlichen Liebe doziert, läßt auch unabhängig von psychoanalytischen Deutungsmustern auf ein sexuelles Erweckungserlebnis des bisher Unerfahrenen schließen: »Ich könnte schon von einigen anmutigen Spaziergängen erzählen. So viel ist gewiß und haben Sie, als ein ›Doctor longe experientissimus‹, vollkommen Recht, daß eine dergleichen mäßige Bewegung, das Gemüth er-

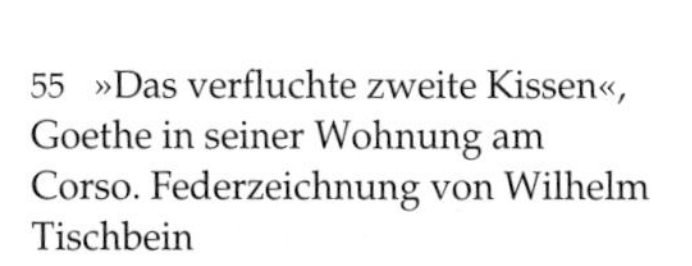

55 »Das verfluchte zweite Kissen«, Goethe in seiner Wohnung am Corso. Federzeichnung von Wilhelm Tischbein

frischt und den Körper in ein köstliches Gleichgewicht bringt.« Goethe bezog sich vermutlich auf seine Liebschaft mit einer jungen römischen Witwe, die er während der letzten Monate seiner Reise kennengelernt hatte. In der antikisierenden Maske der ›Römischen Elegien‹ kehrt sie als geheimnisvolle »Faustina« wieder.

Das knappe Jahr seines zweiten römischen Aufenthalts diente Goethe vor allem zur weiteren Ausbildung seiner eigenen künstlerischen Fertigkeiten. Er zeichnete, aquarellierte – rund 850 Zeichnungen brachte er aus Italien mit – und übte sich im Modellieren. Sachkundige Hilfe erhielt er dabei von den Freunden des römischen Künstlerkreises, dem neben Tischbein und dem Komponisten Philipp Christoph Kayser die Maler Philipp Hakkert, Johann Heinrich Lips und die besonders enge Freundin Angelica Kauffmann angehörten. Die beiden folgenreichsten Begegnungen der italienischen Jahre wurden jedoch die mit dem Schweizer Kunstsachverständigen Johann Heinrich Meyer, den Goethe einige Jahre später als Leiter der Zeichenschule und künstlerischen Berater nach Weimar berief, und mit dem Schriftsteller Karl Philipp Moritz, Verfasser des autobiographischen Romans ›Anton Reiser‹. Im Frühjahr 1788 arbeitete Moritz an seiner ästhetischen Hauptschrift ›Über die bildende Nachahmung des Schönen‹, deren Entstehung Goethe in langen Gesprächen begleitete und die er später in seine ›Italienische Reise‹ aufnahm. Moritz' Theorie einer – bereits auf Kant vorausweisenden – zweckfreien Autonomie der Kunst sowie seine Bestimmung des Schönen als »Vollendung in sich selbst« gewannen nachhaltigen Einfluß auf die Entwicklung von Goethes »klassischer« Kunstanschauung.

Obwohl er in seiner praktischen künstlerischen Tätigkeit, besonders im landschaftlichen Zeichnen, beachtliche technische Fortschritte erzielte, mußte sich Goethe schließlich eingestehen, daß seine Fähigkeiten auf diesem Gebiet nicht über das Stadium eines

56 **Karl Philipp Moritz** (1756–1793). Portrait von Johann Heinrich Lips, um 1788. Moritz wurde vor allem durch seine Autobiographie, den ersten »psychologischen Roman« ›Anton Reiser‹ (1785–1794) bekannt. Seine ästhetischen Schriften (u. a. ›Über die bildende Nachahmung des Schönen‹ (1788) und ›Götterlehre oder Mythologische Dichtungen der Alten‹ (1791) wurden für das Autonomiekonzept der klassischen Kunstanschauung bedeutsam.

begabten Dilettantentums hinausreichen konnten. »Täglich wird mir's deutlicher, daß ich … zur Dichtkunst geboren bin … Von meinem längern Aufenthalt in Rom werde ich den Vorteil haben, daß ich auf das Ausüben der bildenden Kunst Verzicht tue.« (IR).

Goethe hatte seine Reise auch in der Absicht angetreten, die in Weimar unvollendet gebliebenen Dichtungen für die erste Gesamtausgabe seiner ›Schriften‹ abzuschließen, die ab 1787 in acht Bänden bei seinem Leipziger Verleger Göschen erscheinen sollte. Schon auf dem Weg nach Rom hatte er damit begonnen, die »schlotternde Prosa« seiner ›Iphigenie‹ in fünfhebige jambische Blankverse umzuschreiben; glücklich darüber, daß »das Drama unter diesem Himmel reif geworden«, sandte er die fertige Fassung im Januar 1787 an Herder. Bis zum folgenden August war die Arbeit am ›Egmont‹ beendet. Der Entwurf des historischen Dramas um den niederländischen Freiheitskampf gegen die spanische Herrschaft im 16. Jahrhundert reichte bis in die Frankfurter Zeit zurück; die unterschiedlichen Stilelemente des Stücks zeugen von seiner langen, sich über zwölf Jahre erstreckenden Entstehungsgeschichte: Tragen die lebhaften, atmosphärisch dichten Volksszenen noch ganz die Signatur des Sturm und Drang, so lassen sich in der Tendenz zum Allegorischen und Sinnbildlichen die Einflüsse einer neuen »italienischen« Ästhetik erkennen. Goethes politische Erfahrungen des ersten Weimarer Jahrzehnts, vor allem die an der Seite Carl Augusts verfolgten Bemühungen um einen von Preußen und Österreich unabhängigen deutschen Fürstenbund und seine damit verbundene Kritik am bürokratischen Staatswesen des aufgeklärten Absolutismus haben im ›Egmont‹ ihren Nieder-

57 Goethe als Dichter und Künstler vor dem Vesuv. Gemälde von Heinrich Christoph Kolbe, 1826

schlag gefunden. Auch das Dichterdrama ›Torquato Tasso‹, auf der Schiffsreise nach Sizilien noch einmal neu konzipiert, konnte in Italien weitgehend abgeschlossen werden; unvollendet blieb der ›Faust‹, der 1790 – erweitert um Teile der Paktszene, die ›Hexenküche‹ und ›Wald und Höhle‹ – im siebten Band der ›Schriften‹ als Fragment erschien.

Hatte Goethe die Überarbeitung seiner Werke als »Rekapitulation meines Lebens und meiner Kunst« empfunden, so konnte er dem Herzog am Ende seiner Reise mitteilen: »Ich darf wohl sagen: ich habe mich in dieser anderthalbjährigen Einsamkeit selbst wiedergefunden; aber als was? – Als Künstler!« Als Künstler hoffte er nach Weimar zurückzukehren, und im gleichen Brief an Carl August deutete er an, daß seine künftige Stellung am Hof eine andere sein sollte als bisher: Von allem »Mechanischen« der verwaltenden Kanzleitätigkeit wollte er sich befreit wissen, gleichwohl dem beratenden Conseil weiterhin zur Verfügung stehen. Carl August gewährte Goethe schließlich großzügig den Freiraum, den er benötigte, entband ihn von der lähmenden Verwaltungsarbeit und betraute ihn mit der – seinen eigentlichen Interessen entsprechenden – Aufsicht über die wissenschaftlichen und kulturellen Institutionen des Landes.

Der Abschied von Rom fiel Goethe schwer, mehrmals soll er während der letzten Tage vor seiner Abreise in Tränen ausgebrochen sein. Am 23. April verließ er die Stadt, in der er, wie er an Herder schrieb, »das erstemal unbedingt glücklich war«. Nach zweimonatiger Rückreise über Siena, Florenz, Mailand Konstanz und Nürnberg traf er am 18. Juni 1788 in Weimar ein. Er hat Rom nie wiedergesehen. An den Schluß seiner ›Italienischen Reise‹ setzte er in schwermütiger Reminiszenz an Ovids Gang in die Verbannung dessen Verse aus der dritten Elegie des ersten Buches der ›Tristia‹:

Wandelt von jener Nacht mir das traurige Bild vor die Seele,
  Welche die letzte für mich ward in der römischen Stadt,
Wiederhol' ich die Nacht, wo des Teuren so viel mir zurückblieb,
  Gleitet vom Auge mir noch jetzt eine Träne herab.

»Hinleben zwischen Ordnung und Unordnung«
Revolutionsjahre

Das Italien-Erlebnis hatte Goethe verändert; »gestärkt und befestigt in seinem ganzen Wesen« kam er zurück nach Weimar, wie Caroline Herder schrieb. Charlotte von Stein, die ihre Verbitterung über die heimliche Flucht ihres einstigen Seelenfreundes kaum verbergen konnte und ihn mit eisiger Ablehnung empfing, bemerkte mit herabgezogenen Mundwinkeln: »Er ist sinnlich geworden.« Es war nicht nur das rauhere deutsche Klima, das Goethe sein Wiedereinleben in Weimar erschwerte. Er fühlte schmerzlich, wie sehr er sich während seiner zweijährigen Abwesenheit von den Freunden entfremdet hatte. Seinem tiefen Bedürfnis, von den neugewonnenen Eindrücken zu berichten, seine glücklichen Erfahrungen zu teilen, begegneten diese allzu oft mit Verständnislosigkeit oder Desinteresse. Hinzu kam, daß einige der engsten Vertrauten sich für längere Zeit von Weimar entfernt hatten: Herder war am 6. August selbst zu einer Reise nach Italien aufgebrochen, kurze Zeit später folgte ihm Anna Amalia mit einem Troß von Hofangestellten; Carl August, im vergangenen Herbst zum preußischen Generalmajor ernannt, verbrachte den größten Teil des Sommers in der Garnison Aschersleben.

Goethe fühlte sich einsam und isoliert, und nicht ohne wahlverwandtschaftliche Nähe zu seinem Helden Torquato Tasso machte er sich nun daran, das bereits 1780 entworfene Drama um den italienischen Renaissance-Dichter zu vollenden. Schon in Italien hatte er begonnen, das ursprüngliche Prosafragment in

---

> Aus Italien dem formreichen war ich in das gestaltlose Deutschland zurückgewiesen, heiteren Himmel mit einem düsteren zu vertauschen; die Freunde, statt mich zu trösten und wieder an sich zu ziehen, brachten mich zur Verzweiflung. Mein Entzücken über entfernteste, kaum bekannte Gegenstände, mein Leiden, meine Klagen über das Verlorne schien sie zu beleidigen, ich vermißte jede Teilnahme, niemand verstand meine Sprache.
>
> *Aus ›Schicksal der Handschrift‹*

Blankverse umzuschreiben, nach seiner Rückkehr widmete er sich vor allem der Ausarbeitung der beiden Schlußakte, so daß das Drama im Juli 1789 fertig vorlag und Ende des Jahres im sechsten Band seiner ›Schriften‹ bei Göschen erscheinen konnte. Mehr noch als ›Iphigenie‹ und ›Egmont‹ steht Goethes ›Tasso‹ im Zeichen seiner in Italien gewonnenen Kunstanschauung. Der Aufbau des Dramas orientiert sich streng an den stilistischen Vorgaben der französischen *tragédie classique*: In fünf Akten entwickelt sich – unter Wahrung der Einheit von Ort, Zeit und Handlung – das dramatische Geschehen, das sich im weitgehenden Verzicht auf äußere Ereignisse ganz auf die innere Entwicklung der fünf auftretenden Charaktere konzentriert. In seiner formalen Geschlossenheit, seiner stark stilisierten, die aristokratische Sphäre des Hofes spiegelnden Sprache und seinem dichten Geflecht von symbolischen Verweisen und Motiven, die sich zu einer harmonischen Komposition zusammenfügen, erscheint der ›Tasso‹ als genuin »klassisches« Drama. Den »eigentlichen Sinn« seiner Tragödie nannte Goethe selbst die »Disproportion des Talents mit dem Leben«. In der Figur des Tasso gestaltete er – wohl zum ersten Mal in der Weltliteratur – die Existenzproblematik des modernen Künstlers: den tragischen Konflikt seines Strebens nach ästhetischer Freiheit und Autonomie mit den Konventionen einer aristokratischen Gesellschaft, an die er, der höfische Dichter, in der materiellen Abhängigkeit des Mäzenatentums gebunden bleibt. Seine Neigung zur Einsamkeit und hypochondrischen Selbstquälerei, Züge einer sich bis zum Verfolgungswahn steigernden Menschenscheu weisen Tasso zugleich als typischen Repräsentanten der Dichtermelancholie aus, dem das eigene Leiden zur notwendigen Voraussetzung genialisch-künstlerischer Produktivität wird, wie es in seinen berühmten letzten Versen zum Ausdruck kommt: »Und wenn der Mensch in seiner Qual verstummt, / Gab mir ein Gott zu sagen, wie ich leide.«

Ich hatte das *Leben* Tassos, ich hatte mein eigenes Leben, und indem ich zwei so wunderliche Figuren mit ihren Eigenheiten zusammenwarf, entstand mir das Bild des *Tasso* …, und ich kann mit Recht von meiner Darstellung sagen: *sie ist Bein von meinem Bein und Fleisch von meinem Fleisch.*

Zu Eckermann, 6. Mai 1827

(V. 3432f.). Auch wenn der ›Tasso‹ nur begrenzt Rückschlüsse auf Goethes eigene Lebensumstände erlaubt, so sind doch, folgt man seinen späteren Äußerungen gegenüber Eckermann, wesentliche Erfahrungen seiner ersten Zeit am Weimarer Hof in das Drama eingeflossen.

58 Christiane Vulpius mit ihrem Sohn August. Aquarell von Johann Heinrich Meyer, 1792

Bereits einen Monat nach seiner Rückkehr aus Italien begegnete Goethe der dreiundzwanzigjährigen Christiane Vulpius, eine Bekanntschaft, die ihn erst recht von der feinen Weimarer Gesellschaft entfremden sollte. Am 12. Juli trat sie, ein hübsches braungelocktes Mädchen, im Park an der Ilm an ihn heran, um ihm eine Bittschrift ihres in berufliche Schwierigkeiten geratenen Bruders, des später äußerst populären Romanschriftstellers Christian August Vulpius, zu überreichen. Christiane, aus einfachen Verhältnissen stammend, als Näherin in Bertuchs Blumenfabrik beschäftigt und äußerlich von »italiänischem« Typ, muß Goethe in ihrer unbefangenen, natürlichen Art sogleich für sich eingenommen haben: Vermutlich wurde sie noch in derselben Nacht seine Geliebte, denn der 12. Juli galt beiden künftig als Beginn ihres Lebensbundes. Schon einige Wochen später zog Christiane in das Gartenhaus im Park und führte Goethes Haushalt, im Dezember 1789 wurde der erste gemeinsame Sohn August geboren; vier weitere Kinder starben offenbar aufgrund einer Unverträglichkeit der Rhesusfaktoren beider Gatten bereits im Säuglings-

59 Christiane Vulpius (1765–1816), nach antikem Vorbild stilisiert. Portrait von Goethe, um 1788/1789

alter. Die Verbindung des Dichters und Staatsmanns mit einer einfachen Arbeiterin »niederer Herkunft«, einem »Kreatürchen«, wie Charlotte von Stein sie naserümpfend nannte, war für die vornehme und ebenso klatschsüchtige Weimarer Gesellschaft ein Skandal. Eine kurze Affäre hätte man ihm verziehen; aber Goethe hielt Christiane, seinem »kleinen Naturwesen«, die Treue, und es war nicht nur die gemeinsame Freude an dem, was beide in ihrer intimen Geheimsprache »Schlampampen« nannten, sondern tiefe Zuneigung, die sie verband.

Von der häuslichen Behaglichkeit und dem erotischen Glück, das er nun an der Seite Christianes empfand, sprechen die in den Jahren von 1788 bis 1790 entstandenen ›Römischen Elegien‹. Mit diesem zunächst als ›Erotica Romana‹ betitelten Gedichtzyklus in Distichen knüpfte Goethe an die Tradition der spätantiken Liebeselegie nach den Vorbildern des Ovid sowie der *triumviri amoris* Catull, Tibull und Properz an. Im antik-mythologischen Gewand scheint darin noch einmal das Italien-Erlebnis auf: als sinnlich erfüllte Liebe zu einer jungen Römerin, die hier den Namen Faustina trägt und deren Züge mit dem Bild Christianes verschmelzen: »Einst erschien sie auch mir, ein bräunliches Mädchen, die Haare / Fielen ihr dunkel und reich über die Stirne herab, / Kurze Locken ringelten sich ums zierliche Hälschen, / Ungeflochtenes Haar krauste vom Scheitel sich auf. / Und ich verkannte sie nicht, ergriff die Eilende; lieblich / Gab sie Umarmung und Kuß bald mir gelehrig zurück.«

Deutlichere Worte findet jene später sekretierte Elegie über die Entkleidung der Geliebten, die mit den Versen schließt: »Uns ergötzen die Freuden des echten nacketen Amors / Und des geschaukelten Betts lieblicher knarrender Ton.« Die

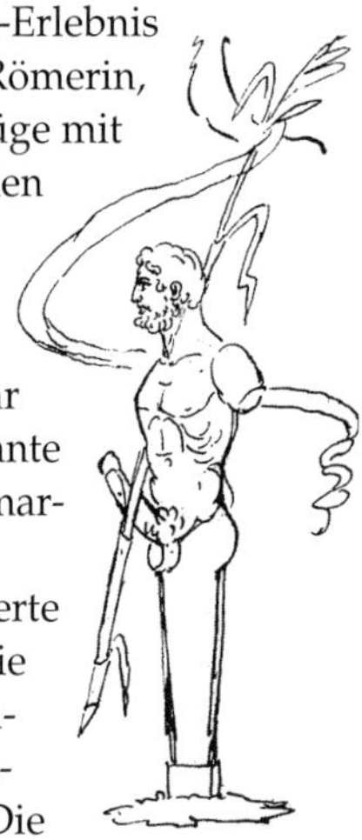

60 Priap-Herme mit Schilfrohr. Zeichnung Goethes, um 1790

ungewohnte Freizügigkeit, mit der Goethe die Sinnenfreuden der geschlechtlichen Liebe bedichtete, war für die Zeitgenossen ein unerhörter Tabubruch. So hatten Herder und bezeichnenderweise auch der ansonsten keineswegs prüde Carl August mit Rücksicht auf die »Schamhaftigkeit« des Publikums dem Freund von einer Veröffentlichung der ›Erotica‹ zunächst abgeraten; doch Schiller, der in ihnen »zwar eine konventionelle, aber nicht die wahre und natürliche Dezenz verletzt« sah und sogleich deren »Wärme« und »Zartheit« erkannte, nahm sie 1795 in das sechste Heft seiner Zeitschrift ›Die Horen‹ auf – gekürzt um vier vermeintlich allzu anstößige Gedichte, darunter zwei auf den römischen Fruchtbarkeitsgott Priapus mit »prächtiger Rute«, die den Zyklus ursprünglich einleiten und beschließen sollten. Auch die solchermaßen gereinigte Fassung reichte aus, um die Weimarer Gesellschaft zu entrüsten. Unter Verkennung ihres antikisierenden, überindividuellen Kunstcharakters reduzierte man die Elegien auf ihren realen biographischen Gehalt und sah darin die erotischen Privatverhältnisse des Dichters in unzulässiger Offenheit gespiegelt.

Obwohl Goethe sich in Italien »als Künstler« wiedergefunden zu haben glaubte, blieben die ›Römischen Elegien‹ das einzige bedeutende poetische Werk der ersten nachitalienischen Jahre. Hinzu kamen die ›Venetianischen Epigramme‹, die zwischen März und Juni 1790 während eines zweiten, eher unfreiwilligen Aufenthalts in Venedig entstanden. Denn dorthin war Goethe der von ihrer Italienreise zurückkehrenden Herzogin Anna Amalia auf deren Bitte entgegengereist. Die Ernüchterung, die sich nicht zuletzt durch seine Sehnsucht nach Christiane – dem »zurückgelassenen Erotico« – bei dieser zweiten Italien-Reise einstellte, hat im bitter-sarkastischen Ton der etwa 150 Epigramme nach dem Vorbild des großen römischen Epigrammatikers Martial ihren Niederschlag gefunden: »Das ist Italien nicht mehr,

Alle ehrbaren Frauen sind empört über die bordellmäßige Nacktheit. Herder sagte sehr schön, er [Goethe] habe der Frechheit ein kaiserliches Insiegel aufgedrückt. Die ›Horen‹ müßten nun mit dem u gedruckt werden. Die meisten Elegien sind bei seiner Rückkunft im ersten Rausche mit der Dame Vulpius geschrieben. Ergo –.

Der Weimarer Gymnasialdirektor Karl August Böttiger in einem Brief vom 25. Juli 1795

das ich mit Schmerzen verließ.« Äußerungen des Unmuts über die politisch-sozialen Mißstände Italiens mischen sich mit ersten polemischen Kommentaren zu den Ereignissen der Französischen Revolution und scharfen Angriffen gegen Christentum und Kirche. Neben Kritik und Spott enthalten die ›Epigramme‹ auch Derb-Erotisches, das in seiner Obszönität die zeitgenössische Toleranzgrenze weit deutlicher überschritt als die ›Römischen Elegien‹.

Nur einige kurze Wochen blieben Goethe nach seiner Rückkehr aus Venedig im Kreis seiner »kleinen unheiligen Familie«. Schon Ende Juli folgte er Carl August ins schlesische Feldlager, »wo eine bewaffnete Stellung zweier großer Mächte den Kongreß von Reichenbach begünstigte« und den drohenden militärischen Konflikt zwischen Preußen und Österreich im Kampf um neue östliche Herrschaftsgebiete schließlich abwenden konnte. Von Breslau aus reiste er Anfang September weiter nach Osten bis Krakau, Tschenstochau, Wieliczka und Tarnowitz, um dort den schlesischen Bergbau zu besichtigen.

Zurück in Weimar beschäftigte Goethe ab 1791 die Leitung des neugegründeten Weimarer Hoftheaters, das sich unter seiner Direktion, zumal während der intensiven Zusammenarbeit mit Schiller, zu einer der renommiertesten Bühnen im deutschsprachigen Raum entwickelte. 26 Jahre lang füllte er unter großem persönlichen Einsatz dieses Amt aus, in dem er alle zentralen Aufgaben des Theaterwesens in sich vereinigte: Als Intendant und Chefdramaturg stellte er die Spielpläne zusammen, führte Regie, kümmerte sich um Gestaltung des Bühnenbilds, Kostüme und Ausstattung und übernahm die Ausbildung der Schauspieler. Um ein möglichst breites Publikum für das Theater zu gewinnen, kamen vorwiegend bürgerliche Unterhaltungsstücke

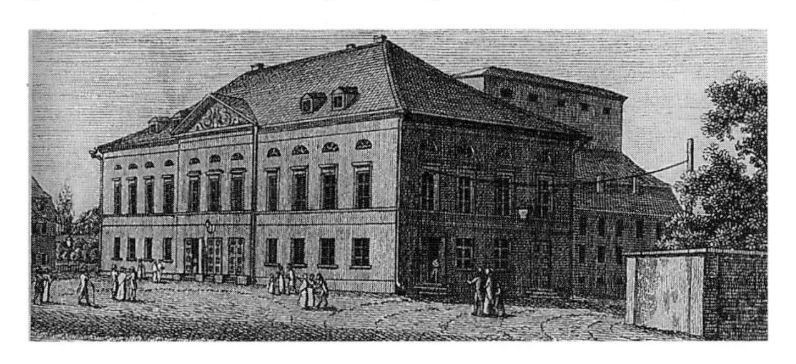

Der Schneider hat zu besorgen:
1. Die Pfoten der Affen dürfen nicht so schlottern.
2. Es müssen noch ein paar weiße Bärte angeschafft werden …
4. Es ist sobald als möglich ein Schwanz für Papageno zu machen nach den Farben des Kleids, dazu muß er die Federn färben lassen und das Gerippe aus schwankendem Fischbein machen.

Aus Goethes Anweisungen an den Theaterschneider für die ›Zauberflöte‹ im Januar 1794

populärer Autoren wie August Wilhelm Iffland und August von Kotzebue zur Aufführung; ein Drittel des Spielplans behielt Goethe jedoch anspruchsvolleren Dramen vor: Neben eigenen Arbeiten inszenierte er sämtliche Mozart-Opern sowie Shakespeare und Schiller, dessen ›Wallenstein‹-Trilogie in den Jahren 1798/1799 hier uraufgeführt wurde und die große Ära der Weimarer Bühne einleitete.

Während die Poesie in der ersten Zeit nach seiner Rückkehr aus Italien nahezu verstummte, verlagerte sich Goethes Interesse immer stärker auf die Naturforschung, nun vor allem auf die Gebiete der Morphologie und Optik. »Mein Gemüt treibt mich mehr als jemals zur Naturwissenschaft, und mich wundert nur daß in dem prosaischen Deutschland noch ein Wölkchen Poesie über meinem Scheitel schweben bleibt«, schrieb er am 9. Juli 1790 an Knebel. Im selben Jahr erschien sein ›Versuch die Metamorphose der Pflanzen zu erklären‹, eine 123 Paragraphen umfassende Abhandlung über die morphologischen Gesetze des Pflanzenwachstums. Hatte ihn in Italien vor allem die Frage nach dem Grundmuster aller Pflanzenarten in Gestalt einer Urpflanze beschäftigt, so ging es ihm nun um das Bildungsprinzip der einzelnen Pflanze: Im »Blatt« sah er das Urorgan, aus dem sich nach dem Gesetz der Metamorphose – der sukzessiven Umbildung einer identischen Grundform in die differenzierte Gestalt – alle weiteren Teile der Pflanze wie Stengel, Blüte, Frucht

◀ 61 Das Weimarer Hoftheater.
Stich, um 1780

und Samen entwickeln. Immer wieder richtete sich Goethes Erkenntnisinteresse auf die allgemeinen Grundgesetze der Natur, auf das »Eine«, das der Mannigfaltigkeit aller organischen Erscheinungen zugrunde liegen sollte und das in Begriffen wie »Urbild«, »Urphänomen«, »Typus« und »Idee« in seinen Schriften leitmotivisch wiederkehrt: »Ich war völlig überzeugt, ein allgemeiner, durch Metamorphose sich erhebender Typus gehe durch die sämtlichen organischen Geschöpfe durch.« (Tag- und Jahreshefte 1790). In gleichem Sinn erklärte er in dem anatomischen Aufsatz ›Versuch über die Gestalt der Tiere‹ (1791) den Schädel als Produkt einer Metamorphose des Wirbelknochens, den er analog zum Blatt als Urorgan der Skelettbildung aller Säugetiere betrachtete.

Goethes Untersuchungen zu optischen und chromatischen Phänomenen reichten bis in seine Jugendzeit zurück, waren jedoch vor allem während des Aufenthalts im römischen Künstlerkreis neu angeregt worden, als er sich dort mit der Bedeutung der »Farbengebung« für die Malerei auseinandersetzte. Erste Studien auf diesem Gebiet, die ihn über zwei Jahrzehnte intensiv beschäftigen sollten und schließlich in seinem großangelegten wissenschaftlichen Hauptwerk ›Zur Farbenlehre‹ (1810) gipfelten, erschienen in den Jahren 1791 und 1792 unter dem Titel ›Beiträge zur Optik‹. Mit ihnen setzte, ausgelöst durch eigene Prismenver-

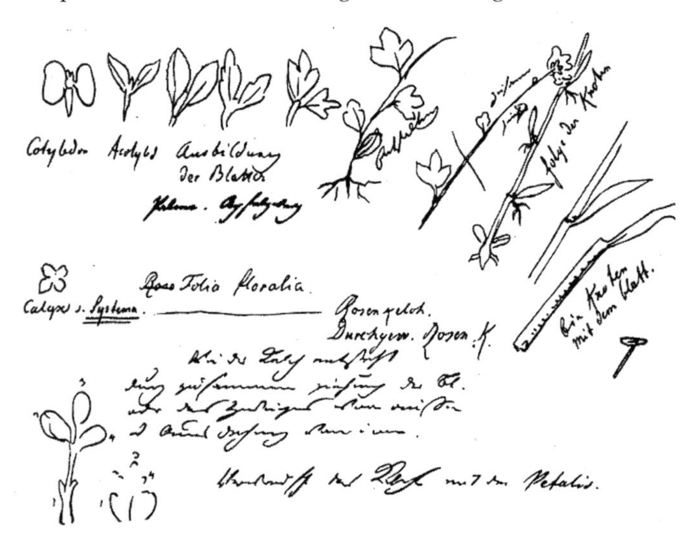

suche im Frühjahr 1790, sein lebenslanger Kampf gegen die Theorie Newtons ein. Anders als Newton, der entdeckt hatte, daß sich das weiße Licht durch prismatische Brechung in Spektralfarben zerlegen läßt, betrachtete Goethe das Licht als unteilbare Einheit und führte die Erscheinung von Farben auf das Zusammenwirken der »polaren« Gegensätze von Helligkeit und Finsternis im Medium des »Trüben«, etwa Glas oder Wasserdunst, zurück. Auch in der Farbenlehre wandte er jene für seine gesamte Naturbetrachtung grundlegende Formel an, die er als »Polarität und Steigerung« bezeichnete: Polarität verstanden als steter Prozeß der Trennung und Vereinigung gegensätzlicher Kräfte, Steigerung als stufenweises Fortschreiten zu Höherem, Vollkommenem hin.

Nicht zuletzt aus seiner intensiven Beschäftigung mit den Naturwissenschaften seit den frühen neunziger Jahren erklärt sich Goethes grundsätzlich ablehnende Haltung gegenüber der Französischen Revolution. Ging es ihm in der Naturforschung um die Erkenntnis »bleibender Verhältnisse«, um allgemeine Ordnungsprinzipien und Gesetzmäßigkeiten, so schreckte ihn das Revolutionsgeschehen in Frankreich, dessen welthistorische Bedeutung er durchaus erkannte, als gewaltiger Ausbruch irrationaler, zerstörerischer Kräfte. Während viele seiner Zeitgenossen, darunter Freunde wie Wieland, Knebel und Herder, den Bastillesturm als Zeichen einer neuen Epoche der Freiheit zunächst hoffnungsvoll begrüßten, erblickte Goethe in den revolutionären Ereignissen nichts als »das fürchterliche Zusammenbrechen aller Verhältnisse« (Tag- und Jahreshefte 1793). Daß diese Verhältnisse zumal in Frankreich einer grundlegenden Reform bedurften, hat er freilich deutlich gesehen, und seine Kritik richtete sich ebenso gegen das marode Ancien régime, das sich durch Korruption und eigennützige Willkürherrschaft selbst untergraben hatte. Schon die berüchtigte »Halsbandaffäre« im Jahr 1785 – ein aufsehenerregender Betrugsskandal um ein unermeßlich kostba-

◀ 62 Stadien der Pflanzenmetamorphose. Federzeichnung Goethes, um 1790

63 Augenvignette zu den ›Beiträgen zur Optik‹. Farbiger Holzstich nach Goethes Handzeichnung, 1791

res Collier, in den die französische Königin Marie Antoinette verstrickt schien – besaß für Goethe »düstere Vorbedeutung« und galt ihm als Symptom eines sittlich-politischen Verfalls, der Hof, Adel, Klerus und Gerichtsbarkeit gleichermaßen betraf. Auch wenn solch ein »blutrünstiger« Umsturz des Bestehenden seinem Ideal einer ruhigen, evolutionär fortschreitenden Entwicklung zutiefst widersprach, erkannte Goethe später in der Französischen Revolution die »Folge einer großen Notwendigkeit«. Für Deutschland hielt er jedoch am Konzept einer behutsamen Reformpolitik im Sinne des aufgeklärten Absolutismus fest.

Dies zeigt sich besonders deutlich in seinen unmittelbar auf die Revolution Bezug nehmenden politischen Dramen der neunziger Jahre, die nach eigenem Bekunden allesamt den Versuch darstellten, »dieses schrecklichste aller Ereignisse in seinen Ursachen und Folgen dichterisch zu gewältigen«. Nach dem historischen Vorbild des in die spektakuläre Halsbandgeschichte verwickelten Scharlatans und Geheimbündlers Cagliostro gestaltete Goethe die Hauptfigur seines Lustspiels ›Der Groß-Cophta‹ (1791), das ursprünglich als *Opera buffa* unter dem Titel ›Die Mystificirten‹ konzipiert war. Im satirischen Gewand der italienischen Typenkomödie diagnostiziert er darin die Verfallstendenzen einer korrupten Hof- und Adelswelt, die in ihrer Anfälligkeit für den okkulten Wortzauber falscher Propheten vom Schlage eines Cagliostro, in ihrem Hang zu Obskurantismus und Wunderglauben den eigenen Untergang heraufbeschwört. Wirft die Revolution im ›Groß-Cophta‹ erst ihre Schatten voraus, so thematisieren die beiden – allgemein als Goethes schwächste Arbeiten angesehenen – Zeitstücke ›Der Bürgergeneral‹ und ›Die Aufgeregten‹ (1793) deren Auswirkungen in Deutschland. Mit deutlich didaktischer Absicht karikiert Goethe hier den Versuch, den revolutionären Aufstand in der deutschen Provinz nachzuahmen und führt ihn ironisch ad absurdum. So wird im ›Bürgergeneral‹ ein

Es ist erbärmlich anzusehen, wie die Menschen nach Wundern schnappen um nur in ihrem Unsinn und Albernheit beharren zu dürfen, und um sich gegen die Obermacht des Menschenverstandes und der Vernunft wehren zu können.

An Friedrich Heinrich Jacobi, 1. Juni 1791

biederer Barbier, der als aufrührerischer Künder der »neu-fränkischen« Freiheitsparolen die Revolution auf dem Dorf probt, zum lächerlichen Repräsentanten eines kleinbürgerlichen, letztlich nur auf Eigennutz bedachten Revoluzzertums. Ebenfalls in das dörfliche Milieu eines Bauernaufstands führt das Fragment des »politischen Dramas« ›Die Aufgeregten‹, in dem es einer besonnenen Gräfin schließlich gelingt, den Aufruhr »zu allgemeiner Zufriedenheit« zu schlichten. Sie hat, eben von einer Reise nach Frankreich zurückkehrend, aus der Revolution ihre Lehre gezogen und erkannt, daß zeitgemäße gerechte Reformen notwendig sind, um gewaltsamen Unruhen zuvorzukommen: »Zu keiner Ungerechtigkeit will ich mehr schweigen … und wenn ich auch unter dem verhaßten Namen einer Demokratin verschrieen werden sollte.«

Unmittelbar mit den Zeitereignissen konfrontiert wurde Goethe während seiner Teilnahme am Feldzug der verbündeten Armeen Preußens und Österreichs gegen das revolutionäre Frankreich. Im Juni 1792 war Carl August als preußischer General mit seinem Regiment nach Westen aufgebrochen, am 8. August schloß sich Goethe, im eigenen »Chaisgen« reisend, dessen Gefolge an und erreichte nach Stationen in Frankfurt, Mainz und Trier gegen Ende des Monats das preußische Lager bei Longwy. Die Siegeseuphorie unter den Alliierten nach dem Fall der Grenzfestung Verdun am 2. September hielt nicht lange vor, denn schon am 30. des Monats kam es zur berühmten Kanonade von Valmy: Nach einem mehrstündigen »Kanonenfieber«, das Goethe mit deutlich größerem Interesse an den imposanten Licht- und Geräuscheffekten als am Kriegsgeschehen selbst aus der Ferne beobachtete, stellte die Artillerie der Verbündeten das Feuer ein. Man hatte die Widerstandskraft der sowohl zahlenmäßig wie auch strategisch überlegenen französischen Bürgersoldaten unterschätzt, zudem waren die eigenen Truppen durch Krankheit, »entsetzliches Wet-

---

Auch war ich vollkommen überzeugt, daß irgend eine große Revolution nie Schuld des Volkes ist, sondern der Regierung. Revolutionen sind ganz unmöglich, sobald die Regierungen fortwährend gerecht und fortwährend wach sind, so daß sie ihnen durch zeitgemäße Verbesserung entgegenkommen, und sich nicht so lange sträuben, bis das Notwendige von unten her erzwungen wird.

Zu Eckermann, 4. Januar 1824

64 Die Kanonade von Valmy 1792. Zeitgenössischer Stich

ter« und den Mangel an Nahrung geschwächt. »Wir haben in diesen 6 Wochen mehr Mühseligkeit, Not, Sorge, Elend, Gefahr ausgestanden und gesehen als in unserm ganzen Leben«, schrieb Goethe am 10. Oktober an Christian Gottlob Voigt; fünf Tage später ließ er ihn wissen: »Dieser Feldzug wird als eine der unglücklichsten Unternehmungen in den Jahrbüchern der Welt eine traurige Gestalt machen.« Mit der Niederlage von Valmy mußte die Hoffnung der Koalitionsmächte auf einen Einzug in Paris aufgegeben werden; man trat den Rückzug an. Auf Umwegen über Luxemburg und Trier gelangte Goethe zunächst nach Düsseldorf, wo er als Gast im Pempelforter Haus des Freundes Friedrich Heinrich Jacobi für mehrere Wochen herzlich aufgenommen wurde und bei angeregten literarisch-philosophischen Unterhaltungen einigen Abstand zu den Kriegseindrücken ge-

---

Französische Revolution (1789–1799)
17. Juni 1789: Der bürgerliche dritte Stand konstituiert sich zur Nationalversammlung, am **9. Juli 1789** zur verfassungsgebenden Nationalversammlung, zu deren Anerkennung als Souverän Frankreichs Ludwig XVI. sich infolge des Pariser Volksaufstandes am **14. Juli** (Sturm auf die Bastille) gezwungen sieht. Die Rechte des Adels werden annulliert, die Kirchengüter eingezogen; die königliche Familie wird entmachtet; am **26. August** verkündet die Nationalversammlung die Menschen- und Bürgerechte .
1790 Gründung politischer Clubs: An der Spitze der Jakobiner steht Robespierre, die Cordeliers leiten Danton

wann. Inzwischen waren erste Entwürfe zu dem satirischen Roman ›Reise der Söhne Megaprazons‹ entstanden, der sich in allegorisch verhüllter Form ebenfalls mit den Ereignissen des revolutionären »Zeitfiebers« auseinandersetzen sollte. Die in Pempelfort vorgetragenen Passagen fanden allerdings so wenig Anklang, daß Goethe das Projekt schließlich aufgab. Nach einem kurzen Aufenthalt im katholischen Münsteraner Kreis um die Fürstin Amalia von Gallitzin kehrte er am 16. Dezember nach Weimar zurück.

Schon im Frühjahr 1793 kam Goethe ein zweites Mal mit dem Revolutionsgeschehen in Berührung, als er wiederum im Gefolge Carl Augusts vom 12. Mai bis zum 22. August an der Belagerung der von französischen Truppen besetzten Stadt Mainz teilnahm. Am 30. März hatte sich die vom Nationalkonvent der »Freien Deutschen diesseits des Rheins« ausgerufene Mainzer Republik an Frankreich angeschlossen, doch mit der Rückeroberung der Stadt durch die Armee der Verbündeten am 23. Juli endete der Versuch, die erste deutsche Demokratie zu begründen. Goethe, den militärischen Konflikt nur aus der Distanz verfolgend, hielt sich in dieser Zeit an seine naturwissenschaftlichen Forschungen »wie an einen Balken im Schiffbruch« und widmete sich vor allem den Untersuchungen zu einer »Lehre der farbigen Schatten« – eine für viele durchaus befremdliche Haltung, mit der sich Goethe oft genug den Vorwurf der Gleichgültigkeit und Kälte zuzog.

Auch setzte er während der Belagerung seine »zwischen Übersetzung und Umarbeitung schwebende Behandlung« des spätmittelalterlichen Epos ›Reineke Fuchs‹ fort, dessen Umdichtung in das klassische Versmaß des Hexameters er bereits in Weimar begonnen hatte. Das allegorische Gewand dieser Tierfabel um menschliche Schwächen, höfische Politik und Macht bot ihm die geeignete Form, um sich in Anspielungen immer wieder sati-

und Marat, die Feuillants Lafayette und Bailly.
1791 Auflösung der Nationalversammlung auf Antrag Robespierres.
1792 Gefangennahme Ludwigs XVI. Wahl des Nationalkonvents. Danton befiehlt Massenverhaftungen und -hinrichtungen, mehr als 1500 Menschen sterben unter der Guillotine.
1793 Hinrichtung Ludwigs XVI. und seiner Gemahlin. Robespierre verdrängt Danton. Die jakobinische Schreckensherrschaft führt täglich zu zahlreichen Hinrichtungen.
1794 Robespierre, Danton und andere Revolutionsführer werden auf Anordnung des Konvents guillotiniert.
9. Nov. 1799 Napoleons Staatsstreich

65 Luxemburger Landschaft mit Freiheitsbaum. Aquarell von Goethe, 1792

risch und kritisch auf das Zeitgeschehen, auf Zustände der absolutistischen Hofhaltung ebenso wie auf die Ereignisse der Revolution zu beziehen.

Erst aus dem Abstand von 30 Jahren entstanden die beiden autobiographischen Berichte über die ›Campagne in Frankreich‹ und die ›Belagerung von Mainz‹, in denen Goethe unter Verwendung von Tagebuchaufzeichnungen und historischen Quellen seine persönlichen Eindrücke und Erfahrungen der Revolutionszeit festhielt. Sie sind bestimmt von der Perspektive des distanzierten, »unparteilichen« Beobachters, der dem zerstörerischen Chaos des Krieges immer wieder seinen auf Frieden und Ordnung gerichteten Sinn entgegensetzt. Bezeichnend für diese Haltung ist die in der ›Belagerung‹ geschilderte Episode während des Auszugs der französischen Truppen aus Mainz: Durch sein beherztes Eingreifen schützt Goethe einen Jakobiner vor der Lynchjustiz durch die aufgebrachte Menge und rechtfertigt sein Verhalten mit den Worten: »Es liegt nun einmal in meiner Natur, ich will lieber eine Ungerechtigkeit begehen, als Unordnung ertragen.«

»Glückliches Ereignis«
Freundschaft und ästhetische Allianz mit Schiller

Durch den weiteren Verlauf der Revolutionsereignisse seit 1792 sah sich Goethe in seinem Abscheu vor der gewaltsamen französischen »Staatsumwälzung« mehr und mehr bestätigt: Nach den grausamen Septembermorden von 1792 und der Hinrichtung Ludwigs XVI. am 21. Januar 1793 hatte die Revolution mit der jakobinischen Schreckensherrschaft unter Robespierre im Sommer 1794 ihren blutigen Höhepunkt erreicht. Vor diesem zeitgeschichtlichen Hintergrund begann im selben Juni das folgenreiche Freundschaftsbündnis zwischen Goethe und Friedrich Schiller: jene zehnjährige ästhetische Allianz, die unter dem Epochenbegriff der »Weimarer Klassik« in die Literaturgeschichte einging und die sich auch und vor allem als Antwort auf die Revolution und ihre Folgen verstand.

Dabei schienen die Voraussetzungen für eine Annäherung der beiden Dichter zunächst keineswegs günstig. Sieben Jahre hatte Schiller bereits in Weimar und – nach seiner Berufung zum außerordentlichen Professor für Geschichte im Jahr 1789 – in Jena gelebt, ohne daß die von ihm

66 Johann Christoph Friedrich von Schiller (1759–1805). Gemälde von Ludovike Simanowiz, 1793/1794

so ersehnte Bekanntschaft mit Goethe über einige flüchtige Begegnungen hinausgelangt war. Bewußt hatte Goethe den um zehn Jahre jüngeren Erfolgsautor der ›Räuber‹ (1781) und des ›Don Carlos‹ (1787) gemieden, hielt er ihn doch für einen verspäteten Stürmer und Dränger, dessen »wunderliche Ausgeburten« seinen eigenen ästhetischen Anschauungen, wie er sie seit der Italienreise ausgebildet hatte, diametral entgegenstanden. Schillers »Produktionen von genialem Wert und wilder Form« waren ihm – so schrieb Goethe in dem späteren autobiographischen Aufsatz ›Glückliches Ereignis‹ (1817) – »verhaßt ..., weil ein kraftvolles, aber unreifes Talent gerade die ethischen und theatralischen Paradoxen, von denen ich mich zu reinigen gestrebt, recht im vollen hinreißenden Strome über das Vaterland ausgegossen hatte«. Mit gleicher Ablehnung reagierte Goethe auf Schillers Versuch einer normativen Bestimmung des Schönen, die dieser in seiner 1793 erschienenen, an das intensive Studium Kants anknüpfenden Abhandlung ›Über Anmut und Würde‹ formuliert hatte; daß der Autor das »Subjekt« so hoch über die »gesetzlich hervorbringende Natur« stellte, widersprach seinen innersten Überzeugungen, zumal Goethe hierin eine indirekte Kritik an seinem eigenen »Glaubensbekenntnis« zu erkennen glaubte.

Kaum geringer waren die Ressentiments auf seiten Schillers. In Briefen klagte er immer wieder über die Kälte und Steifheit Goethes und ließ in bitteren Äußerungen den Neid durchblikken, den er, der sich aus schwierigen Verhältnissen emporgekämpft hatte, gegenüber dem vom Schicksal so begünstigten Genius empfand. Von einem zwiespältigen Gefühl der Haßliebe spricht Schiller in seinem Brief an Gottfried Körner vom 2. Februar 1789. Schon früh hatte er, ein analytisch scharfer Kopf, auch den Unterschied erkannt, der seine Denkungsart von derjenigen Goethes trennte: »Seine Philosophie ... holt zuviel aus der Sin-

Ich glaube in der Tat, er ist ein Egoist in ungewöhnlichem Grade. Er macht seine Existenz wohltätig kund, aber nur wie ein Gott, ohne sich selbst zu geben. ... Mir ist er dadurch verhaßt, ob ich gleich seinen Geist von ganzem Herzen liebe und groß von ihm denke. Ich betrachte ihn wie eine stolze Prüde, der man ein Kind machen muß, um sie vor der Welt zu demütigen. Eine ganz sonderbare Mischung von Haß und Liebe ist es, die er in mir weckt.

Friedrich Schiller in seinem Brief an Gottfried Körner vom 2. Februar 1789

nenwelt, wo ich aus der Seele hole. Überhaupt ist seine Vorstellungsart zu sinnlich und betastet mir zuviel.« (an Körner, 1. November 1790).

Schillers diplomatischem Geschick war es zu verdanken, daß die Annäherung der beiden »Geistesantipoden« schließlich doch gelang. In einem förmlichen Brief vom 13. Juni 1794 bat er Goethe um Mitarbeit an seiner neu gegründeten Zeitschrift ›Die Horen‹, für deren Redaktionskollegium er bereits Wilhelm von Humboldt, Johann Gottlieb Fichte und den Jenaer Historiker Carl Ludwig Woltmann gewonnen hatte. Etwa einen Monat nach Goethes freundlicher Zusage kam es Mitte Juli im Anschluß an eine Sitzung der »Naturforschenden Gesellschaft« in Jena zu dem berühmten Gespräch über die »Urpflanze«, das bei allem geistigen Dissens, den es zutage förderte, den Weg zur wechselseitigen Verständigung öffnete. Gegen Goethe, der in seinem »hartnäckigen Realismus« die Urpflanze als sichtbare »Erfahrung« aus den der Natur innewohnenden objektiven Gestzmäßigkeiten herzuleiten unternahm, argumentierte Schiller als »gebildeter Kantianer«, die Urpflanze sei keine Erfahrung, sondern eine »Idee«: ein Vernunftbegriff und mithin ein Entwurf des denkenden Subjekts, dem »niemals eine Erfahrung kongruieren könne«. Goethe beharrte trotzig: »Das kann mir sehr lieb sein, daß ich Ideen habe ohne es zu wissen, und sie sogar mit Augen sehe« (›Glückliches Ereignis‹). Damit war die Differenz der Anschauungsweisen beider genau bezeichnet, doch gab dieser Streit »zwischen Objekt und Subjekt« zugleich Anlaß, das Gespräch auf fruchtbare Weise fortzusetzen.

So erreichte Goethe in den Tagen um seinen fünfundvierzigsten Geburtstag jener bedeutende Brief Schillers vom 23. August 1794, in dem Goethe die Summe seiner Existenz gezogen sah und der den eigentlichen

67 Goethe, Schiller und Wilhelm und Alexander von Humboldt in Jena. Stich von Aarland nach Andreas Müller

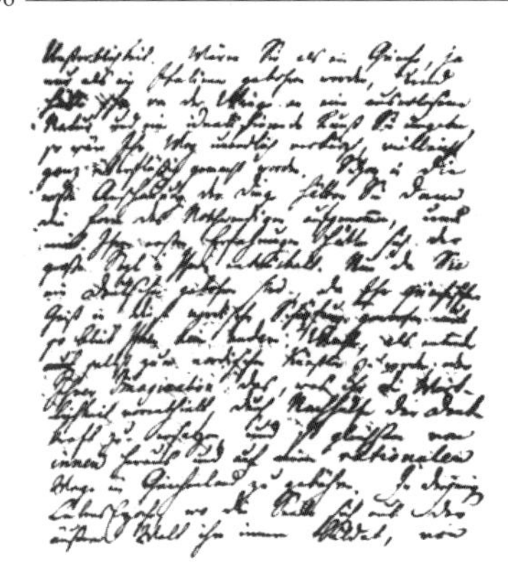

68 Aus Friedrich Schillers Brief an Goethe vom 23. August 1794

Beginn ihres ästhetischen Bundes markieren sollte. Die zentralen Gedanken seiner großen Abhandlung ›Über naive und sentimentalische Dichtung‹ (1795) bereits vorwegnehmend, entwarf Schiller darin in antithetischer Gegenüberstellung von antik-naiver und modern-sentimentalischer Poesie, von Realismus und Idealismus das hellsichtige Künstlerportrait Goethes als eines in die »nordische Schöpfung geworfenen« »griechischen Geists«. Dessen »intuitivem«, in der unmittelbaren Anschauung von Natur und Erfahrungswelt gründenden Schöpfertum setzte er das eigene – auf Begriffe und Ideen rekurrierende – »spekulative« Verfahren entgegen: »Beim ersten Anblicke zwar scheint es, als könnte es keine größern Opposita geben, als den spekulativen Geist, der von der Einheit, und den intuitiven, der von der Mannichfaltigkeit ausgeht. Sucht aber der erste mit keuschem und treuen Sinn die Erfahrung, und sucht der letzte mit selbsttätiger freier Denkkraft das Gesetz, so kann es gar nicht fehlen, daß beide einander auf halbem Wege begegnen werden.«

Die nun einsetzende Phase intensiver Zusammenarbeit stellte nichts anderes als diesen von Schiller skizzierten Versuch dar, sich »auf halbem Wege zu begegnen«: Unter dem Einfluß des »Realisten« Goethe erschloß sich Schiller mehr und mehr die Bedeutung der Erfahrungswelt, die für den dichterisch produktiven Geist weitaus fruchtbarer erschien als die trockene Sphäre der Philosophie. »... es ist hohe Zeit, daß ich für eine Weile die

69 **Johann Gottlieb Fichte** (1762–1814). Neben Schelling und Hegel bedeutendster Vertreter des Deutschen Idealismus. Seine als Wissenschaftslehre bezeichnete Philosophie zielt darauf ab, aus dem Grundgedanken der Selbstsetzung des Ich die gesamte Struktur des Bewußtseins zu erklären.

philosophische Bude schließe«, schrieb er Goethe am 17. Dezember 1795, »das Herz schmachtet nach einem betastlichen Objekt.« Goethe bemühte sich seinerseits verstärkt um die Strenge theoretischer Reflexion, um größere Systematik im Hinblick auf gattungstypologische Definitionen und Grundprinzipien einer »klassischen« Ästhetik, wie er sie dann in seinen kunsttheoretischen Aufsätzen um die Jahrhundertwende formulierte. Durch die neu gewonnene Freundschaft sah sich Goethe nicht nur aus seiner schmerzlichen Isolation der nachitalienischen Jahre befreit, Schiller hatte ihn auch wieder zum Dichter gemacht: »... für mich war es ein neuer Frühling, in welchem alles froh nebeneinander keimte und aus aufgeschlossenen Samen und Zweigen hervorging« (Tag- und Jahreshefte 1794). Gleiches konnte Schiller von sich behaupten, der nun, nach Jahren der »philosophischen Spekulation«, ebenfalls zu reicher dichterischer Produktivität zurückfand: Neben der ›Wallenstein‹-Trilogie und zahlreichen dramatischen Fragmenten entstanden in den Jahren bis zu seinem Tod 1805 die Dramen ›Maria Stuart‹, ›Die Jungfrau von Orleans‹, ›Die Braut von Messina‹ und ›Wilhelm Tell‹.

Erste Frucht der ästhetischen Koalition war das gemeinsame Zeitschriftenprojekt der ›Horen‹, das sich zuallererst als kritische Antwort auf die Auswirkungen der Revolution verstand. Anders als Goethe, der der französischen »Staatsumwälzung« von Anfang an mit entschiedener Ablehnung begegnet war, hatte Schiller sich zunächst mit einer eindeutigen Stellungnahme zurückgehalten; doch spätestens seit der blutigen Terreur-Phase der Jakobinerrepublik war auch er zum rigorosen Gegner der Revolution geworden. So formulierte er mit ausdrücklichem Bezug auf den zeitgenössischen politischen Hintergrund in seiner »Ankündigung« der ›Horen‹ vom 10. Dezember 1794 deren unzeitgemäßes Programm: Jenseits von allem »Kampf politischer Meinungen und Interessen« sollten die ›Horen‹ als neutrales Forum der »hei-

Wohlanständigkeit und Ordnung, Gerechtigkeit und Friede werden also der Geist und die Regel dieser Zeitschrift sein; die drei schwesterlichen Horen Eunomia, Dike und Irene werden sie regieren. In diesen Göttergestalten verehrte der Grieche die welterhaltende Ordnung, aus der alles Gute fließt, und die in dem gleichförmigen Rhythmus des Sonnenlaufs ihr treffendstes Sinnbild findet.

Aus Friedrich Schillers Ankündigung der ›Horen‹

tern und leidenschaftfreien Unterhaltung« eine neue Kultur der Humanität befördern und die »geteilte Welt unter der Fahne der Wahrheit und Schönheit« wieder vereinen. Mit seinen Briefen ›Über die ästhetische Erziehung des Menschen‹, die 1795/1796 in den ersten beiden Jahrgängen der ›Horen‹ erschienen, knüpfte Schiller an diesen Gedanken an und entwickelte, gleichsam ein Gegenentwurf zur Französischen Revolution, sein geschichtsphilosophisches Konzept einer »Veredelung« des Menschen durch die Kunst. Nicht der gewaltsame Umsturz, sondern die ästhetische Bildung des einzelnen sollte dereinst verwirklichen, was im autonomen »Reich des schönen Scheins« als Möglichkeit angelegt war: die Utopie eines idealen Vernunftstaates freier Bürger.

Überwindung der Revolution im Zeichen gesellig-humaner Bildung ist auch das Thema von Goethes Novellenzyklus ›Unterhaltungen deutscher Ausgewanderten‹, der 1795 den ersten Jahrgang der ›Horen‹ eröffnete und zugleich eine poetische Replik auf Schillers theoretischen Entwurf der ›Ästhetischen Erziehung‹ darstellte. Im Rückgriff auf die Tradition romanischer Novellistik schlägt Goethe die Brücke zum aktuellen Zeitgeschehen: Die Rahmenhandlung erzählt von einer »edlen Familie«, die sich in den Wirren des Koalitionskrieges vor der Revolutionsarmee auf ihre rechtsrheinischen Güter geflüchtet hat. Ein erbitterter Disput über das politische »Interesse des Tages« entzweit die kleine Gesellschaft. Doch gelingt es der besonnenen Baronesse von C., die zerstrittenen Parteien wieder zu vereinen, indem sie an die »reine Tugend« der gebildeten Konversation erinnert und – ganz im Sinne der ›Horen‹-Ankündigung – zu »belehrenden und aufmunternden Gesprächen« fernab des Tagesstreits einlädt. Sieben durch die Rahmenhandlung verbundene Geschichten werden nun erzählt; sie steigern sich von Gespenster- und Liebesgeschichten am ersten Abend über »moralische« Erzählungen am folgenden Morgen und gipfeln schließlich am Abend des zwei-

---

Daß ich … die Schönheit der Freiheit vorangehen lasse, glaube ich nicht bloß mit meiner Neigung entschuldigen, sondern durch Grundsätze rechtfertigen zu können. Ich hoffe, Sie zu überzeugen, daß diese Materie weit weniger dem Bedürfnis als dem Geschmack des Zeitalters fremd ist, ja daß man, um jenes politische Problem in der Erfahrung zu lösen, durch das ästhetische den Weg nehmen muß, weil es die Schönheit ist, durch welche man zur Freiheit wandert.

Friedrich Schiller, ›Über die ästhetische Erziehung des Menschen‹, 2. Brief

ten Tages in der symbolischen Erzählung des ›Märchens‹. Als Spiel der reinen Phantasie, wie Musik »zugleich bedeutend und deutungslos« hat Goethe selbst sein ›Märchen‹ charakterisiert, und in der Tat sperrt sich diese Dichtung in ihrer unendlichen Fülle symbolisch-allegorischer Bezüge gegen eine eindeutige Auslegung. Ihre Grundidee – Trennung und glückliche Vereinigung – weist indes auf die Geschichte der Rahmenerzählung zurück und läßt sich als weitere, rätselhaft verschlüsselte Antwort auf die Revolution lesen: Nur durch das tätig-liebende Zusammenwirken aller gesellschaftlichen Kräfte kann die zerstörte Harmonie – im ›Märchen‹ symbolisiert durch die zwei voneinander getrennten Reiche – wiederhergestellt werden; oder wie es der »Alte« am Ende ausspricht: »... ein einzelner hilft nicht, sondern wer sich mit vielen zur rechten Stunde vereinigt. ... Jeder verrichte sein Amt, jeder tue seine Pflicht, und ein allgemeines Glück wird die einzelnen Schmerzen in sich auflösen ...«

Unter dem produktiven Einfluß Schillers, wie er sich zumal in ihrem umfangreichen Briefwechsel dokumentiert, konnte Goethe im Sommer 1796 auch die Arbeit an seinem Roman ›Wilhelm Meisters Lehrjahre‹ beenden, dessen Stoff ihn, mit langen Unterbrechungen, seit 20 Jahren beschäftigt hatte. Ein Theater- und Künstlerroman unter dem Titel ›Wilhelm Meisters theatralische Sendung‹ war zunächst geplant, doch mit den ›Lehrjahren‹ ging Goethe weit über das ursprüngliche Fragment hinaus. Als komplexe epische Darstellung der persönlichen und sozialen Identitätsbildung einer bürgerlichen Existenz des ausgehenden 18. Jahrhunderts wurden sie zum stilbildenden Muster des modernen »Bildungsromans«. Es gehört freilich zu der hintergründigen Ironie der ›Lehrjahre‹, daß sich der Lebensweg des Protagonisten keineswegs als kontinuierlicher und zielgerichteter Bildungsprozeß, sondern vielmehr als eine Abfolge von Irrtümern und Zufälligkeiten darstellt. Das Suchen und Irren wird jedoch zum notwen-

Wie lebhaft auch immer mein Verlangen war, in ein näheres Verhältnis zu Ihnen zu treten, ... so begreife ich doch nunmehr vollkommen, daß die so sehr verschiedenen Bahnen, auf denen Sie und ich wandelten, uns nicht wohl früher, als gerade jetzt, mit Nutzen zusammenführen konnten. Nun kann ich aber hoffen, daß wir, soviel von dem Wege noch übrig sein mag, in Gemeinschaft durchwandeln werden, und mit um so größerm Gewinn, da die letzten Gefährten auf einer langen Reise sich immer am meisten zu sagen haben. *Schiller an Goethe, 31. August 1794*

70 Illustration von Wilhelm Kaulbach zu ›Wilhelm Meisters Lehrjahre‹ (Mignon)

digen Bestandteil einer Entwicklung, deren Ziel nicht mehr durch die Zugehörigkeit zu einem bestimmten Stand vorherbestimmt ist. Darin liegt die spezifische Modernität dieses Lebensentwurfs: Wilhelms Weg ist prinzipiell offen, er hat die Freiheit der Wahl unter verschiedenen Existenzweisen und muß seinen Platz in der Gesellschaft erst noch finden. So entfaltet der Roman eine ganze Skala sozialer Lebensformen, die Wilhelm Meister durchläuft, die aber alle zugleich in ihrer Beschränktheit und Relativität gezeigt werden: die bürgerlich-ökonomische Welt ebenso wie die künstlerische Scheinwelt des Theaters und schließlich die repräsentative Öffentlichkeit des Feudaladels. Erst im Kreis der reformbewußten adligen »Turmgesellschaft«, die nach dem Vorbild der im 18. Jahrhundert wirkenden Geheimgesellschaften (Freimaurer und Illuminaten) seinen Weg leitet, gelangt Wilhelm vom Standpunkt seines rein individualistischen Strebens zu einem sozial verantwortlichen und sinnerfüllten Leben. In der wechselseitigen Annäherung der Stände, die sich als Synthese von adliger und bürgerlicher Lebensform innerhalb der Turmgesellschaft vollzieht und die – symbolisch überhöht – in den standesübergreifenden Ehen am Ende des Romans zum Ausdruck kommt, deutet sich Goethes eigenes Gesellschaftsideal an: eine Gemeinschaft von tätigen »Weltbür-

Bildungsroman: Der von Karl Morgenstern 1820 geprägte, dann von Dilthey verbreitete Begriff des Bildungsromans bezeichnet einen Romantyp, der den Lebenslauf des Helden als innere geistig-moralische Entwicklung im Sinne eines humanistischen, in der Romantik vor allem eines künstlerischen Bildungsideals gestaltet. Zu den Hauptwerken dieser Gattung gehören neben den ›Lehrjahren‹ Wielands ›Geschichte des Agathon‹, Jean Pauls ›Titan‹, Novalis' ›Heinrich von Ofterdingen‹ und Hölderlins ›Hyperion‹. Auch spätere Romane, etwa Mörikes ›Maler Nolten‹ und Kellers ›Der grüne Heinrich‹, gelten als Bildungsromane.

gern«, in der die Ziele der Freiheit und Gleichheit ohne die Mittel revolutionärer Gewalt verwirklicht sind.

Seinen enthusiastischen Eindruck nach der Lektüre der ersten beiden Bücher der ›Lehrjahre‹ führte Schiller in seinem Brief an Goethe vom 7. Januar 1795 auf die »durchgängig darin herrschende ruhige Klarheit, Glätte und Durchsichtigkeit« zurück; damit benannte er die entscheidenden Prinzipien der »klassischen« Form dieses Romans. Zu den Strategien solch klassischen Erzählens, die Goethe in den ›Lehrjahren‹ erprobte, gehören der klare, ausgewogene Sprachstil, die Harmonie der epischen Komposition, die Tendenz zur überindividuellen Typisierung der Charaktere und schließlich die distanziert-überschauende Perspektive des Erzählers, die dem Roman seine heitere Atmosphäre, sein »lachendes Kolorit« (Gottfried Körner) verleiht. Daß sich die ›Lehrjahre‹ zugleich mit den poetischen Vorstellungen der jüngeren Generation der Romantiker berührten, zeigt Friedrich Schlegels begeisterte Rezension des Romans, die 1798 im ›Athenäum‹ erschien. Schlegel würdigte nicht nur die »Ironie, die über dem ganzen Werke schwebt«; mit der Verschmelzung verschiedener Gattungen, der Einbettung szenischer und lyrischer Elemente, nahm der Roman auch das Konzept der romantischen »Universalpoesie« vorweg.

Nicht zuletzt durch den intensiven Gedankenaustausch während der Arbeit an den ›Lehrjahren‹ hatte sich der Bund zwischen Goethe und Schiller mehr und mehr befestigt. Über alle – freilich nie ganz zu beseitigenden – Differenzen hinweg erkannten sie sich nunmehr als ebenbürtige Partner. Was sie vor allem verband, war der erzieherische Ehrgeiz, mit dem sie das Publikum von ihren eigenen ästhetischen und literarischen Anschauungen zu überzeugen suchten. Enttäuscht mußten sie jedoch bald feststellen, daß ihre unzeitgemäße »Literaturpolitik« kaum den Anklang fand, den sie sich erhofft hatten. Schon der erste Jahrgang der ›Horen‹ war ein eklatanter Mißerfolg. Die literarische Öf-

Nicht bei allen Romantikern stießen die ›Lehrjahre‹ auf Anerkennung. Der Dichter Novalis polemisierte 1798 ›Zu Goethes Wilhelm Meister‹: »Das Ganze ist ein nobilitierter Roman. Wilhelm Meisters Lehrjahre, oder die Wallfahrt nach dem Adelsdiplom. ›Wilhelm Meister‹ ist eigentlich ein ›Candide‹ gegen die Poesie gerichtet … Das Romantische geht darin zugrunde … Künstlerischer Atheismus ist der Geist des Buchs. Sehr viel Ökonomie – mit prosaischem, wohlfeilem Stoff ein poetischer Effekt erreicht.«

fentlichkeit reagierte mit Befremden und Ablehnung, mokierte sich über die elitäre Anmaßung der Zeitschrift, die besser sein wollte als die übrigen Journale der Zeit und doch nichts anderes bot als »abstrakte und schöngeisterische Phrasen« – so der Vorwurf an Schillers ›Ästhetische Briefe‹. Ihrem heftigen Unmut über das Unverständnis von Kritik und Publikum machten sich die beiden Dichter dann in den ›Xenien‹ Luft: einer Sammlung von über 900 satirisch-scharfen Epigrammen nach dem Vorbild der ›Xenia‹, der spitzzüngigen »Gastgeschenke« des Martial. Knapp die Hälfte dieser gemeinsam verfaßten Distichen erschien – vermischt mit harmloseren Versen zu philosophischen und ästhetischen Fragen, den sogenannten »Votivtafeln« – in Schillers ›Musenalmanach auf das Jahr 1797‹. Der polemische Rundumschlag der ›Xenien‹ galt nicht nur einzelnen Kritikern der ›Horen‹ wie dem Breslauer Gymnasialdirektor und Poeten Johann Caspar Friedrich Manso und dem republikanisch gesinnten Komponisten Johann Friedrich Reichardt; er galt dem ganzen vermeintlich dürftigen und niveaulosen Zeitgeist: Man attackierte die Anhänger der Revolution, die Vertreter der Berliner Aufklärung, allen voran den ungeliebten Friedrich Nicolai, die Brüder Stolberg und ihre Wendung zur religiösen »Frömmelei«, schließlich die Newtonianer als Gegner auf naturwissenschaftlichem Gebiet; auch alte Freunde wie Lavater, Heinrich Jung-Stilling, Wilhelm Heinse und Goethes Schwager Johann Georg Schlosser blieben nicht verschont. Schon bald gab es – verständlicherweise – empörte Reaktionen, die ›Xenien‹ wurden als pubertärer Ulk an der Grenze zur Geschmacklosigkeit geschmäht, und die Angegriffenen warteten mit einer Reihe von nicht minder bissigen ›Anti-Xenien‹ gegen »die Sudelköche in Jena und Weimar« auf.

Mit ihrer großangelegten Provokation hatten Goethe und Schiller zugleich sich selbst herausgefordert: »... nach dem tollen Wage-

71 Satirisches Kupfer auf die ›Xenien‹, Titelblatt zu Christian Fürchtegott Fulda: ›Trogalien zur Verdauung der Xenien ...‹, Schiller mit Dreispitz und Brantweinflasche, Goethe als Satyr. ▶

stück mit den Xenien müssen wir uns bloß großer und würdiger Kunstwerke befleißigen und unsere proteische Natur, zu Beschämung aller Gegner, in die Gestalten des Edlen und Guten umwandeln«, schrieb Goethe dem Verbündeten am 15. November 1796. So setzte mit dem »Xenien-Kampf« eine reiche poetische Schaffensphase ein, begleitet von einem intensiven Dialog zu kunst- und dichtungstheoretischen Fragen, in dem beide Dichter ihre klassische Kunstanschauung formulierten. Diese Anschauung basierte zum einen auf dem Konzept der ästhetischen Autonomie, wie es zunächst von Karl Philipp Moritz entwickelt und dann von Kant in seiner ›Kritik der Urteilskraft‹ (1790) transzendentalphilosophisch begründet worden war. Zum anderen beruhte sie auf der Verbindung von Natur- und Kunstbegriff, insofern die Naturgesetze morphologischer Bildung auch für das Kunstideal bestimmend wurden. Höchster Maßstab dieses Ideals waren die Werke der Antike: Die Forderung nach »Stil« und »Simplizität«, nach Gesetzmäßigkeit, Objektivität und Klarheit poetischer Darstellung gehört ebenso in diesen Zusammenhang wie das Bemühen um die »Reinheit der Dichtarten« und die Prinzipien einer gattungsgemäßen Stoffwahl. Die wichtigsten Ergebnisse ihrer theoretischen Erörterungen über die Gattungsgesetze von Epos und Drama faßten Goethe und Schiller in ihrem Aufsatz ›Über epische und dramatische Dichtung‹ (1797) zusammen. Auch die eigene poetische Produktion sollte – nicht durch sklavische Nachahmung, sondern im Sinne einer schöpfe-

rischen und zeitgemäßen Anverwandlung – auf die Formstrenge antiker Dichtung verpflichtet werden, und die ›Xenien‹-Polemik war der Anlaß für beide Dichter, sich nun in den unterschiedlichsten Gattungen systematisch zu erproben.

So entstanden 1796 und in den folgenden beiden Jahren Goethes Elegien im antiken Distichenmaß ›Alexis und Dora‹, ›Amyntas‹, die Totenklage ›Euphrosyne‹ und ›Die Metamorphose der Pflanzen‹. Vom bewußten Kunstwillen dieses Jahrzehnts sind auch die großen Erzählgedichte des »Balladenjahres« 1797 geprägt. Zwar erschien die Ballade – nach Goethe das »Ur-Ei« der Poesie, aus dem sich die verschiedenen Dichtarten gleichsam morphologisch entwickelten – als »unklassische« Mischgattung, doch bot sich dieses Genre an, anhand eines »prägnanten Stoffes« die Möglichkeiten des Epischen, Lyrischen und Dramatischen auf beschränktem Raum experimentierend durchzuspielen. Neben Schillers zumeist moralistischen, eingängigen Balladen (›Der Ring des Polykrates‹, ›Der Handschuh‹, ›Ritter Toggenburg‹, ›Der Taucher‹, ›Die Kraniche des Ibykus‹, ›Der Gang nach dem Eisenhammer‹) erschienen in dem auf den ›Xenien-Almanach‹ folgenden ›Musenalmanach für das Jahr 1798‹ Goethes ›Der Schatzgräber‹, ›Legende‹, ›Die Braut von Korinth‹, ›Der Gott und die Bajadere‹ und ›Der Zauberlehrling‹.

Im April 1797 schloß Goethe seine epische Versidylle ›Hermann und Dorothea‹ ab, auch

72 Hermann und Dorothea. Buchillustration aus dem 19. Jahrhundert

sie gewissermaßen ein literarisches Experiment: Die Form ist antik, ein Hexameterepos, stilisiert nach den großen Gesängen Homers. Der Stoff aber führt in die unmittelbare Gegenwart, in die von Flucht und Elend gezeichnete Zeit der Revolutionskriege. Vor diesem dunklen Hintergrund entfaltet sich in der anrührenden Liebesgeschichte zwischen dem Flüchtlingsmädchen Dorothea und dem kleinstädtischen Bürgersohn Hermann eine bürgerliche Idylle familiärer Harmonie und »reiner Menschlichkeit«, die sich jedoch unter den veränderten zeitgeschichtlichen Bedingungen erneuern und bewähren muß. Dorothea spricht es am Ende mit den Worten ihres ersten, im Kampf um die Ziele der Revolution gefallenen Bräutigams aus: »Alles regt sich, als wollte die Welt, die gestaltete, rückwärts / Lösen in Chaos und Nacht sich auf und neu sich gestalten.« (V. 273f.). Erst mit diesem Werk – und mit dem einige Jahre später entstandenen Trauerspiel ›Die natürliche Tochter‹ (1804) – gelang Goethe eine angemessenere Deutung der Revolution und der mit ihr verbundenen Hoffnungen. Anders als in den satirischen Zeitstücken der frühen neunziger Jahre erscheint der revolutionäre Umsturz nun als weltveränderndes Ereignis, dessen Aufbruchsgeist eine Neuordnung auch der bürgerlich-privaten Lebenswelt im Zeichen politischer Verantwortung und Sittlichkeit des einzelnen verlangt. Der Grund für die enorme, nur mit dem ›Werther‹ zu vergleichende Popularität, die das Werk schon kurz nach dem Erscheinen und dann vor allem im 19. Jahrhundert erfuhr, lag wesentlich in der Idealisierung des bürgerlichen Milieus und seiner traditionellen Werte; freilich traf der Vorwurf einer »Huldigung ans Spießbürgertum« (so 1836 der Kritiker Wolfgang Menzel) weniger das Werk selbst als vielmehr eine ideologisierende Rezeption, die die ironischen Brüche und Spannungen dieser Dichtung oft genug übersah.

Goethes wie Schillers Bemühungen um eine klassische Ästhetik richteten sich nicht nur auf die Literatur, sondern auch auf

---

Goethe hat für dieses Werk mitten aus der modernen Wirklichkeit Züge, Schilderungen, Zustände, Verwicklungen herauszufinden und darzustellen verstanden, die in ihrem Gebiete das wieder lebendig machen, was zum unvergänglichsten Reiz in den ursprünglich menschlichen Verhältnissen der Odyssee und der patriarchalischen Gemälde des Alten Testaments gehört.

Georg Wilhelm Friedrich Hegel über ›Hermann und Dorothea‹ in seinen ›Vorlesungen über die Ästhetik‹, 1835–1838

den Bereich der bildenden Kunst. Schon während der dritten Schweizer Reise im Sommer 1797 entstand Goethes Plan zu der Kunstzeitschrift ›Propyläen‹. Gemeinsam mit dem befreundeten Schweizer Kunsthistoriker Heinrich Meyer hatte er seit einigen Jahren umfangreiche Materialien und Entwürfe für eine großangelegte kulturgeographische Enzyklopädie über Italien gesammelt; diese sollten nun, nachdem das Projekt hatte aufgegeben werden müssen, in einer Reihe kunsttheoretischer Essays veröffentlicht werden. Mit der Gründung der ›Propyläen‹ verband sich die kunstpädagogische Absicht, ein Publikum von Kennern geschmacksbildend zu fördern und vor allem auf die praktische Arbeit der zeitgenössischen Künstler zu wirken. Schon Goethes »Einleitung«, die Ende 1798 im ersten Heft der ›Propyläen‹ erschien, enthielt den Kern des klassizistischen Kunstprogramms: Das Muster der Griechen galt – ganz im Geiste des großen Lehrers Winckelmann – als normativer Maßstab aller »vollkommenen« Kunst; von hier aus waren die Wahl des »Gegenstandes« ebenso zu bestimmen wie die angemessene »Behandlungsart« des jeweiligen Sujets sowie das Verhältnis von »Naturwirklichkeit« und höherer »Kunstwahrheit«.

In den ›Propyläen‹ veröffentlichte Goethe einige seiner wichtigsten kunsttheoretischen Schriften, darunter ›Über Laokoon‹, ›Über Wahrheit und Wahrscheinlichkeit der Kunstwerke‹, die mit eigenen kritischen Kommentaren versehene Übersetzung von Diderots ›Versuch über die Malerei‹ und den in Form einer Kunstnovelle angelegten Essay ›Der Sammler und die Seinigen‹. Doch ähnlich wie den ›Horen‹ war auch den ›Propyläen‹ nur eine enttäuschende Resonanz beschieden, so daß die Zeitschrift bereits 1800, nach gerade drei Jahrgängen, eingestellt wurde. Aus der kleinen Gruppe der Beiträger, der neben Goethe und Meyer auch Schiller, Wilhelm von Humboldt und dessen Frau Caroline angehörten, bildeten sich die »Weimarischen Kunstfreunde«, ein

---

Indem der Künstler irgendeinen Gegenstand der Natur ergreift, so gehört dieser schon nicht mehr der Natur an, ja man kann sagen: daß der Künstler ihn in diesem Augenblick erschaffe, indem er ihm das Bedeutende, Charakteristische, Interessante abgewinnt oder vielmehr erst den höhern Wert hineinlegt.

Aus Goethes ›Einleitung‹ im ersten Heft der ›Propyläen‹

Gremium, das ab 1799 jährliche Preisaufgaben für bildende Künstler ausschrieb. Doch sowohl die Themenstellung – zu behandeln waren nahezu ausschließlich Sujets aus den Werken Homers – als auch die dogmatische Starrheit, mit der die »Kunstfreunde« ihr antikisches Ideal durchzusetzen suchten, stießen schon bald, zumal unter der jüngeren Künstlergeneration, auf Unverständnis und scharfe Kritik. So bemerkte der vierundzwanzigjährige Philipp Otto Runge, nachdem er 1801 mit seiner Teilnahme erfolglos geblieben war: »Wir sind keine Griechen mehr, können das Ganze schon nicht mehr so fühlen, wenn wir ihre vollendeten Kunstwerke sehen, viel weniger selbst solche hervorbringen; und warum uns bemühen, etwas Mittelmäßiges zu liefern?« Über Mittelmäßiges reichten die Resultate der noch bis 1805 fortgeführten Preisaufgaben in der Tat kaum hinaus, und sie bestätigten nur, wie weit sich die Weimarer »Kunstfreunde« von der zeitgenössischen Kunst und ihren theoretischen Voraussetzungen entfernt hatten.

Goethe hielt freilich unbeirrt an seinem klassizistischen Credo fest, bekräftigte es noch einmal mit dem Sammelband

73 ›Achills Kampf mit den Flüssen‹. Gemälde von Philipp Otto Runge, 1801, als Beitrag zum Preisausschreiben der Weimarer Kunstfreunde

74 Das Weimarer Goethe- und Schillerdenkmal von Ernst Rietschel, 1857

›Winckelmann und sein Jahrhundert‹, einer Edition von Briefen Winckelmanns, ergänzt um Studien zu dessen Leben und Werk. In der darin erschienen Portraitskizze huldigte er nicht nur Winckelmanns »antiker Natur« und dem griechischen Schönheitsideal als dem zeitlos gültigen Muster aller höchsten Kunst; die Schrift dokumentierte zugleich Goethes entschiedene Abwehr gegen die christlich inspirierte Kunstfrömmigkeit der Romantiker. Daß Winckelmanns Jahrhundert bereits Historie geworden war, mochte er sich kaum eingestehen, doch das Erscheinungsjahr der Winckelmann-Schrift markierte einen weiteren, tiefen Einschnitt: Am 9. Mai 1805 ging mit Schillers Tod auch die eigentliche Epoche der »Weimarer Klassik« zu Ende.

Als »klassische« Dichter im Sinne der späteren literaturgeschichtlichen Kanonisierung haben sich Goethe und Schiller indessen nie verstanden: »Wir sind überzeugt, daß kein deutscher Autor sich selbst für klassisch hält«, schrieb Goethe 1795 in seinem ›Horen‹-Aufsatz ›Literarischer Sansculottismus‹. Daß sie dennoch zu »Klassikern« werden sollten, hat Goethes weitsichtige Mutter allerdings schon damals, in einem Brief an den Sohn vom 25. Dezember 1807, prophezeit: »Und du und Schiller ihr seid hernach Classische Schriftsteller – wie Horatz – Lifius – Ovid u. wie sie alle heißen … was werden alsdann die Professoren Euch zergliedern – auslegen – und der Jugend einpleuen.«

»Viel Irrtum und ein Fünkchen Wahrheit«
Napoleonische Zeit

Der Tod Schillers traf Goethe schwer. Nach einem Jahrzehnt der fruchtbaren ästhetischen Partnerschaft, die ihn aus seiner Isolation befreit und seine literarische Tätigkeit bedeutend gefördert hatte, empfand er nun ein schmerzliches Gefühl der Leere. Er reagierte mit eigener Krankheit. Heftige Nierenkoliken hatten seine Gesundheit schon zu Beginn des Jahres geschwächt, die Nachricht von Schillers Tod bewirkte einen schweren Rückfall. »Ich dachte mich selbst zu verlieren, und verliere nun einen Freund und in demselben die Hälfte meines Daseins«, schrieb er am 1. Juni 1805 an den Berliner Komponisten Carl Friedrich Zelter.

Einige Erholung brachten ihm längere Reisen nach Bad Lauchstädt und Halle, doch immer noch fühlte sich Goethe »in traurigster Einsamkeit befangen«. Um den Verlust des Freundes zu überwinden, griff er zu seinem »alten Hausmittel«: Er flüchtete sich in Tätigkeit. Der Dialog mit Schiller sollte – »dem Tode zu Trutz« – fortgeführt werden, und Goethe plante, dessen Demetrius-Fragment zu vollenden. Der Versuch scheiterte allerdings bald, da sich Stoff und Stil des Dramas seiner »künstlerischen Einbildungskraft ... verboten« (Tag- und Jahreshefte 1805). Mit dem Abschluß eines anderen, eigenen Werkes glückte es Goethe jedoch, den Gedankenaustausch mit dem Freund in gewisser Weise fortzusetzen. Unter dem Datum vom 13. April 1806 verzeichnet das Tagebuch: »Schluß von Fausts 1. Teil«.

Schon im Juni 1797 hatte ihn das gemeinsame Balladenstudium wieder auf den »Dunst- und Nebelweg« des ›Faust‹ geführt. Vor

Napoleonische Kriege
1805 Sieg Napoleons über Österreich und Rußland in der Schlacht bei Austerlitz; **1806** Sicherung der französischen Hegemonie in Mitteleuropa durch die Errichtung des »Rheinbunds«; Niederlage der Preußen in der Doppelschlacht bei Jena und Auerstedt; **1812** Rußlandfeldzug, Auflösung der Großen Armee; **1813–1815** Vierter Koalitionskrieg: Niederlage Napoleons in der Völkerschlacht bei Leipzig **(1813)**; Verbannung Napoleons nach Elba **(1814)**; **1815** Rückkehr und »Herrschaft der 100 Tage«; erneute Niederlage in der Schlacht bei Waterloo; Verbannung Napoleons nach St. Helena.

allem Schillers unablässigem Drängen war es zu verdanken, daß er die Arbeit an dem alten Stoff, die bis in die Jahre zwischen 1773 und 1775 zurückreichte, wiederaufnahm. Über Jahrzehnte war der ›Faust‹ ein großartiger Torso geblieben. Erstes Dokument seiner langen Entstehungsgeschichte bildet die erst 1887 im Nachlaß des Hoffräuleins Luise von Göchhausen wiederentdeckte Abschrift des sogenannten ›Urfaust‹. Der auf das Volksbuch der ›Historia von D. Johann Fausten‹ (1587) zurückgehende Stoff um die legendenumwobene Gestalt des Magiers und Schwarzkünstlers aus dem 16. Jahrhundert war Goethe schon seit seiner Jugend durch zahlreiche Neubearbeitungen, vor allem durch das protestantische Warnbuch des ›Christlich Meynenden‹ (1725) und die vom Faustdrama Christopher Marlowes (um 1592) inspirierte ›Puppenspielfabel‹ vertraut. In der frühesten, ganz im Geiste des Sturm und Drang konzipierten Fassung des Dramas und auch im »Fragment« von 1790 stehen Gelehrtentragödie, Universitätssatire und Gretchentragödie noch weitgehend unverbunden nebeneinander. Erst in den Jahren zwischen 1797 und 1806 gelang es Goethe, die verschiedenen Szenengruppen des ersten Teils zu einem motivierenden Handlungszusammenhang zu verknüpfen. Die Arbeit an der »barbarischen Komposition« bereitete ihm nicht wenige Probleme in einer Phase, da er sich gemeinsam mit Schiller um eine klassische Kunsttheorie bemühte: Denn sowohl in seiner szenisch-offenen, die Gattungsgrenzen immer wieder zum Lyrischen und Epischen hin überschreitenden Form als auch in seinem modern-sentimentalischen Stoff erscheint der ›Faust‹ als höchst »unklassisches« Drama. Dies gilt zumal für den erst 1831 vollendeten zweiten Teil der Tragödie, der sich dann – vor allem in der »klassisch-romantischen Phantasmagorie« des Helena-Aktes – bewußt den Tendenzen der romantischen Poesie nähern wird.

Zunächst jedoch waren die szenischen »Lücken« des ersten Teils zu füllen, und Goethe bemühte sich, den von Schiller an-

75 Faust versucht, Margarete zu verführen (Ausschnitt). Lithographie von Eugène Delacroix, 1828

gemahnten »poetischen Reif« für die Dichtung zu finden. Es entstanden die Stanzen der ›Zueignung‹ als poetische Reflexion auf die Wiederannäherung an den alten Stoff, das ›Vorspiel auf dem Theater‹, der das Geschehen der Tragödie gleichsam metaphysisch exponierende ›Prolog im Himmel‹, die Szene des Selbstmordversuchs mit dem anschließenden ›Osterspaziergang‹ und schließlich die Schlüsselszene der Wette: Alle Versuche Fausts, seinen innersten Drang nach allumfassender Welterkenntnis zu stillen, sind gescheitert; an der akademisch-trockenen Buchgelehrsamkeit verzweifelt, in seiner Hinwendung zur Magie vom »Erdgeist« höhnend in seine menschlichen Schranken zurückgewiesen und vor dem – letzte Entgrenzung versprechenden – Selbstmord gerade noch durch den Klang der Osterglocken in sentimentaler Jugenderinnerung bewahrt, beschließt Faust, dem »Wissen« für alle Zeiten zu entsagen. Allein vom sinnlichen »Lebensgenuß« erhofft er sich von nun an letzte Erfüllung seines Strebens, und er ist bereit, in den Pakt mit dem Teufel einzuwilligen – unter einer Bedingung: »Werd' ich zum Augenblicke sagen: / Verweile doch! du bist so schön! / Dann magst du mich in Fesseln schlagen, / Dann will ich gern zugrunde gehn!« (V. 1699–1702).

Von Mephisto, dem dämonisch-schalkhaften Prinzip der Verneinung und Zerstörung, zu immer neuer Begierde und Tätigkeit angestachelt, durchmißt der verjüngte Faust den Daseinskreis der »kleinen Welt« des ersten Teils der Tragödie, und sein Weg führt bald ins Verderben: Als maßlos Liebender, der in seinem »innern Selbst genießen« will, »was der ganzen Menschheit zugeteilt ist« (V. 1770f.), richtet er das ihn gegen alle gesellschaftlichen Konventionen begehrende Gretchen zugrunde; er wird schuldig am Tod ihrer Mutter, ihres Bruders und schließlich an ihrem Mord des eigenen Kindes. Bis zum tragischen Ende des ersten und noch in der »großen Welt« des zweiten Teils bleibt Faust

FAUST: In jedem Kleide werd' ich wohl die Pein / Des engen Erdelebens fühlen ... / Was kann die Welt mir wohl gewähren? / Entbehren sollst du! sollst entbehren! / Das ist der ewige Gesang, / Der jedem an die Ohren klingt, / Den, unser ganzes Leben lang, / Uns heiser jede Stunde singt. / Nur mit Entsetzen wach' ich morgens auf, / Ich möchte bittre Tränen weinen, / Den Tag zu sehn, der mir in seinem Lauf / Nicht Einen Wunsch erfüllen wird, nicht Einen, / Der selbst die Ahnung jeder Lust / Mit eigensinnigem Krittel mindert, / Die Schöpfung meiner regen Brust / Mit tausend Lebensfratzen hindert. *(V. 1544ff.)*

der rastlos Suchende, immer wieder Irrende und folgt doch gerade darin, nach den Prolog-Worten des »Herrn«, dem göttlichen Weltenplan. Erst in der metaphysisch-verklärenden Schlußszene des zweiten Teils wird Faust – in seiner Liebe zu Gretchen über den Tod hinaus – Erlösung zuteil.

Es sei unmöglich, hat Goethe selbst immer wieder betont, die reiche Weltfülle der ›Faust‹-Dichtung auf eine einzige konsistente Formel zu bringen. Daß der ›Faust‹ bis heute nach Goethes Worten »etwas ganz Incommensurables« geblieben ist und nach wie vor zu immer neuen Deutungsversuchen reizt, belegt nicht zuletzt die mittlerweile auf weit mehr als 10 000 Titel angewachsene Literatur zu diesem Werk.

Mit dem Todesjahr Schillers war für Goethe eine Lebensepoche zu Ende gegangen. Der Kreis der Weimarer Freunde wurde kleiner: Bereits zwei Jahre zuvor war Herder gestorben, 1807 sollte er den Nachruf auf die Herzogin Anna Amalia halten, in das Jahr 1813 wird der Tod Wielands fallen. Das benachbarte Jena hatte sich unter dem Einfluß der Philosophen Fichte und Schelling, der Brüder Schlegel und der Dichter Novalis und Tieck inzwischen zum geistigen Zentrum der romantischen Strömung entwickelt, die den ästhetischen Zeitgeschmack dominierte und die klassische Kunstanschauung mehr und mehr anachronistisch erscheinen ließ. Auch in den politischen Entwicklungen dieser Zeit zeichnete sich eine Epochenwende ab. Napoleon, seit 1804 selbstgekrönter Kaiser der Franzosen, trat seinen Eroberungszug durch Europa an. Die Unterzeichnung der Rheinbundakte am 12. Juli 1806, mit der sich 16 süd- und südwestdeutsche Staaten dem Protektorat des französischen Kaisers unterstellten, führte den Zusammenbruch des längst ausgehöhlten alten Deutschen Reiches schnell herbei. Am 6. August legte Franz II. die römisch-deutsche Kaiserkrone nieder. Preußen, das sich dem Rheinbund bisher nicht angeschlossen hatte, erklärte Frankreich wegen der Beset-

---

Da kommen sie und fragen: welche Idee ich in meinem Faust zu verkörpern gesucht? – Als ob ich das selber wüßte und aussprechen könnte! ... daß der Teufel die Wette verliert, und daß ein aus schweren Verirrungen immerfort zum Besseren aufstrebender Mensch zu erlösen sei, das ist zwar ein wirksamer, manches erklärender guter Gedanke, aber es ist keine Idee ... Es hätte auch ... ein schönes Ding werden müssen, wenn ich ein so reiches, buntes, und so höchst mannigfaltiges Leben ... auf die magere Schnur einer einzigen durchgehenden Idee hätte reihen wollen. *Zu Eckermann, 6. Mai 1827*

zung seiner Gebiete Ansbach und Bayreuth den Krieg. Auch im Herzogtum Sachsen-Weimar ging damit jene für das klassische Weimarer Jahrzehnt so bedeutsame Phase politischer Beruhigung und Neutralität zu Ende, die der 1795 zwischen Preußen und Frankreich geschlossene Sonderfrieden von Basel garantiert hatte. Schon am 14. Oktober 1806 kam es auf dem Territorium Sachsen-Weimars in der Doppelschlacht von Jena und Auerstedt zur vernichtenden Niederlage der preußischen Truppen gegen Frankreich. In derselben Nacht fielen marodierende französische Soldaten in Weimar ein, plünderten die Stadt und legten Brände. Charlotte von Stein blieb völlig ausgeraubt in den Trümmern ihres Hausrats zurück, der alte Maler Georg Melchior Kraus erlag wenige Wochen später den schweren Mißhandlungen, die man ihm zugefügt hatte.

Daß Goethe von dem allgemeinen Wüten weitgehend verschont blieb, verdankte sich wohl – nach der Darstellung seines Sekretärs Riemer – dem beherzten Eingreifen Christianes: Einer Gruppe von französischen Randalierern, die eben im Begriff war, in Goethes Zimmer einzudringen und ihn tätlich anzugreifen, stellte sie sich mutig entgegen, drängte die betrunkenen Männer

76 Die Schlacht von Jena. Kupferstich von Bovinet

77 Goethe in einer Kreidezeichnung von Friedrich Bury, 1800

hinaus und verriegelte die Tür. Ihr furchtloses Verhalten hat Goethe offenbar tief beeindruckt. Am 17. Oktober schrieb er dem Weimarer Hofprediger Wilhelm Christoph Günther: »Dieser Tage und Nächte ist ein alter Vorsatz bei mir zur Reife gekommen; ich will meine kleine Freundin, die so viel an mir getan und auch diese Stunden der Prüfung mit mir durchlebte völlig und bürgerlich anerkennen, als die Meine.« Schon zwei Tage darauf fand die Hochzeit in der Sakristei der Stadtkirche St. Jakob statt, Riemer und der inzwischen sechzehnjährige Sohn August waren die Trauzeugen. 18 Jahre lang hatte Christiane als illegitime, dazu trink- und tanzfreudige »Hausfreundin« Goethes immer wieder die Kränkungen und den beißenden Spott der Weimarer Gesellschaft erdulden müssen. Doch auch nachdem sie nun offiziell zur »Frau Geheimrätin« avanciert war, sparte man nicht mit hämischen Kommentaren. Ausgerechnet die ›Allgemeine Zeitung‹ des Goethe-Verlegers Cotta brachte eine besonders gehässige Notiz: »Goethe ließ sich unter dem Kanonendonner der Schlacht mit seiner vieljährigen Haushälterin Dlle. Vulpius trauen, und so zog sie allein einen Treffer, während viele tausend Nieten fielen.« Immerhin: Zögernd öffneten sich die Türen der vornehmen Weimarer Salons, deren Zutritt man Christiane nicht länger verwehren konnte. Den ersten Schritt machte die Schriftstellerin Johanna Schopenhauer, die das Paar einen Tag

Goethe über das Dämonische:
Obgleich jenes Dämonische sich in allem Körperlichen und Unkörperlichen manifestieren kann …; so steht es vorzüglich mit dem Menschen im wunderbarsten Zusammenhang und bildet eine der moralischen Weltordnung, wo

nach der Hochzeit zur Soirée empfing. »Ich denke«, schrieb sie ihrem Sohn Arthur am 24. Oktober, »wenn Goethe ihr seinen Namen gibt, können wir ihr wohl eine Tasse Tee geben.«

78 Christiane Vulpius. Portrait von Friedrich Bury, 1800

Die Aufmerksamkeit der Weimarer richtete sich indessen bald wieder auf das politische Geschehen, denn durch den Sieg Napoleons stand auch die Existenz des mit Preußen verbündeten Herzogtums Sachsen-Weimar auf dem Spiel. Um die Souveränität seines Landes zu bewahren, willigte Carl August in die Forderungen des Korsen ein, zahlte die horrende Summe von über 2 000 000 Talern Kriegssteuer, erklärte sein Ausscheiden aus dem preußischen Militärdienst und unterzeichnete am 15. Dezember 1806 den Beitritt zum Rheinbund. Daß Goethe unter dem allgemeinen Schock der schweren Niederlage und dem Gefühl der Demütigung seine grenzenlose Bewunderung für den französischen Kaiser-General äußerte, mußte die meisten seiner engen Freunde, zumal den Herzog, befremden. Doch für Goethe, der nichts so sehr fürchtete wie das Chaos des Krieges, war Napoleon der große Überwinder der Französischen Revolution, der den heillos zerrissenen europäischen Kontinent zu neuer Ordnung führen konnte. Als singuläre historische Gestalt hat er ihn wiederholt beschrieben: »die höchste Erscheinung, die in der Geschichte möglich war« (an Knebel, 3. Januar 1807). Die berühmte persönliche Begeg-

---

nicht entgegengesetzte, doch sie durchkreuzende Macht. ... Es sind nicht immer die vorzüglichsten Menschen ... aber eine ungeheure Kraft geht von ihnen aus, und sie üben eine unglaubliche Gewalt über alle Geschöpfe, ja sogar über die Elemente, und wer kann sagen, wie weit sich eine solche Wirkung erstrecken wird? Alle vereinten sittlichen Kräfte vermögen nichts gegen sie.

DuW

nung am 2. Oktober 1808 auf dem Erfurter Fürstentag, in deren Verlauf Napoleon seine Hochschätzung für den ›Werther‹ geäußert haben soll, zählte Goethe später zu den bedeutendsten Ereignissen seines Lebens. Den Orden der französischen Ehrenlegion, den der Kaiser ihm kurze Zeit später verliehen hatte, trug er auch dann noch, als dies angesichts der patriotisch-nationalen Bestrebungen seiner Landsleute längst unpopulär geworden war. In Napoleon erkannte Goethe das Prinzip einer unüberwindbaren weltgestaltenden Kraft: eine prometheische Natur, die für ihn das verkörperte, was er unter den für sein Altersdenken so bedeutsamen Begriff des »Dämonischen» faßte. Die bedrohlichen Seiten einer solch dämonischen »Gewalt« hat Goethe freilich deutlich gesehen. Als Urbild des rastlos tätigen, stets auf Fortschritt bedachten Menschen, der sich in blindem Aktionismus und unbedingtem Herrschaftswillen Natur- und Menschenwelt skrupellos unterwirft, gestaltete er die Prometheus-Figur seines 1808 entstandenen Dramenfragments ›Pandora‹, und nicht zufällig trägt dieser Prometheus deutlich die Züge Napoleons.

Auch in den beiden anderen großen Dichtungen dieser Jahre, dem ›Sonetten‹-Zyklus und dem Roman ›Die Wahlverwandtschaften‹, kehrt der Gedanke des Dämonischen leitmotivisch wieder: Hier ist es die als elementare Naturkraft erfahrene Liebe,

die aufgrund ihrer Eigengesetzlichkeit und Spontaneität mit der menschlichen »Vernunftfreiheit« in Konflikt gerät. Der Zyklus der 17 an die Tradition Petrarcas anknüpfenden Liebessonette entstand während Goethes Aufenthalt in Jena im Winter 1807/1808. Anlaß war nicht nur der bald in eine regelrechte »Sonettenwut« mündende poetische Wettstreit mit den Dichtern Zacharias Werner und Johann Diederich Gries, sondern auch Goethes leidenschaftliche Zuneigung zu Wilhelmine Herzlieb, der achtzehnjährigen Pflegetochter des Jenenser Verlegers Carl Friedrich Frommann. Andere »Äugelchen« (so Goethes und Christianes scherzhafte Bezeichnung für ihre wechselseitig mehr oder minder tolerierten Liebeleien) kamen hinzu: Erlebnisse aus den Begegnungen mit der schwärmerisch-ungestümen Bettina Brentano und der anmutigen Jenenserin Sylvie von Ziegesar flossen ebenso in die Dichtung ein. So variiert der Zyklus in immer neuen Chiffren und Bildern das bereits in der Naturmetaphorik des Eröffnungsgedichts (›Mächtiges Überraschen‹) angedeutete Grundmotiv der Polarität von Leidenschaft und Vernunft, Begehren und Entsagung, dämonischer Macht und sittlicher Begrenzung. Virtuos gestaltete Goethe dabei den Wechselbezug zwischen Inhalt und Form: Die Spannung der sich widerstreitenden Kräfte wird gleichsam gebändigt durch die kalkulierte Formstrenge des Sonetts, dieses Verfahren wiederum ironisch reflektiert. So heißt es im ersten Quartett des XIV. Sonetts ›Die Zweifelnden‹: »Ihr liebt, und schreibt Sonette! Weh der Grille! / Die Kraft des Herzens, sich zu offenbaren, / Soll Reime suchen, sie zusammenpaaren; / Ihr Kinder, glaubt: ohnmächtig bleibt der Wille.« Und ›Die Liebenden‹ entgegnen: »Im Gegenteil, wir sind auf rechtem Wege! / Das Allerstarrste freudig aufzuschmelzen, / Muß Liebesfeuer allgewaltig glühen.«

Wird in den ›Sonetten‹ der Grundkonflikt zwischen leidenschaftlichem Gefühl und entsagender Vernunft in ironischem

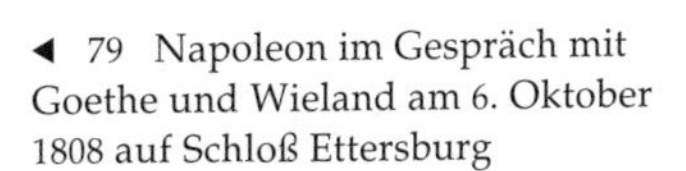

◀ 79 Napoleon im Gespräch mit Goethe und Wieland am 6. Oktober 1808 auf Schloß Ettersburg

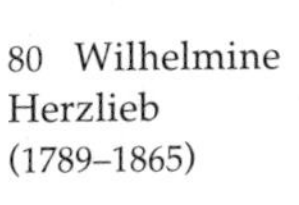

80 Wilhelmine Herzlieb (1789–1865)

Spiel aufgehoben, so wird er in den ›Wahlverwandtschaften‹ ins Tragische gesteigert. Der zunächst als Novelleneinlage für ›Wilhelm Meisters Wanderjahre‹ geplante Roman entstand zwischen 1808 und 1809, einer Zeit, in der sich Goethe wieder intensiv seinen naturwissenschaftlichen Studien, insbesondere der ›Farbenlehre‹, zuwandte. Schon hier beschäftigte ihn die Vorstellung, daß sich bestimmte Naturgesetzmäßigkeiten auf die menschliche Erfahrungswelt übertragen ließen. Genau das führte er in den ›Wahlverwandtschaften‹ nun vor: ein Romanexperiment im wörtlichen Sinne, das Wissenschaft und Dichtung aufs engste miteinander verknüpft. Bereits der Titel bedient sich einer naturwissenschaftlichen »Gleichnisrede«. Den Terminus der »Wahlverwandschaft« entnahm Goethe der zeitgenössischen Chemie. Er bezeichnet einen Vorgang, in dem sich zwei verbundene Elemente durch das Hinzutreten einer weiteren Stoffkombination voneinander lösen und mit dieser – wenn die »wahlverwandtschaftliche« Anziehungskraft stärker ist als in der vorhergehenden Kombination – neue Paarungen eingehen. Mit der Präzision einer wissenschaftlichen Versuchsanordnung, die sich in der strengen Handlungskomposition und der symmetrischen Figurenkonstellation widerspiegelt, führt der Roman seine vier Protagonisten zusammen und unterwirft sie mit unerbittlicher Konsequenz eben je-

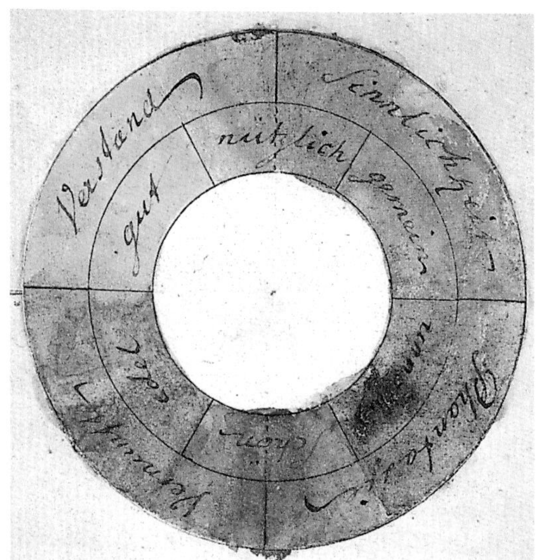

81 Farbenkreis zur Symbolisierung des »menschlichen Geistes- und Seelenlebens«. Aquarellierte Federzeichnung von Goethe

nem Naturgesetz der wechselseitigen Affinität: Durch das Eintreffen des Hauptmanns und Ottiliens auf dem Landsitz des bisher in Liebe verbundenen Ehepaars Eduard und Charlotte gerät die scheinbare Idylle, eine Welt des adligen Müßiggangs, in heillose leidenschaftliche Verwirrung. Die Ehe wird – der chemischen Syntheseregel gemäß – entzweit: Es kommt zur fatalen Liebe »über Kreuz«. Die elementare Macht der Leidenschaft erscheint auch hier als außermoralische Naturgewalt, ohnmächtig sind ihr die Beteiligten ausgeliefert, und ihr dämonisches Walten steigert sich bis ins Ungeheuerlich-Phantastische: Das Kind, das Eduard und Charlotte zeugen, während sie in einem Akt des ›geistigen Ehebruchs‹ an ihre Geliebten denken, trägt eben deren – des Hauptmanns und Ottiliens – Züge. Goethe selbst sprach in seiner »Ankündigung« des Romans von den »Spuren trüber, leidenschaflicher Notwendigkeit, die sich auch durch das Reich heitern Vernunftfreiheit … unaufhaltsam hindurchziehen«. Damit benannte er jenen zentralen Konflikt zwischen Natur- und Sittengesetz, Notwendigkeit und Freiheit, der das Schicksal der Protagonisten hier auf verhängnisvolle Weise determiniert und der letztlich unauflösbar bleibt. Durch ihr vermeintlich planvolles und freies Handeln führen die Beteiligten die Katastrophe – nach dem Vorbild der antiken Tragödie – nur um so rascher herbei. Weder durch den Entschluß zur Entsagung (wie bei Charlotte und Ottilie), noch durch trotziges Beharren auf ihrer unbedingten Leidenschaft (wie bei Eduard) können die Liebenden den tragischen Lauf der Dinge aufhalten: Ottilie und Eduard müssen schließlich sterben. Die Versöhnung der widerstreitenden irdischen Kräfte, so deutet es der legendenhafte Schluß an, wird erst in einer jenseitigen Welt möglich sein.

Das Werk, das eine unendliche Fülle symbolischer, mythologischer, naturwissenschaftlicher und ikonographischer Verweisungsstrukturen spannungsreich verknüpft, ist zugleich ein Ehe-

»Ich habe Freunde gesehen, Geschwister, Liebende, Gatten, deren Verhältnis durch den zufälligen oder gewählten Hinzutritt einer neuen Person ganz und gar verändert, deren Lage völlig umgekehrt wurde.« – »Das kann wohl geschehen«, versetzte Eduard, »bei Menschen, die nur dunkel vor sich hinleben, nicht bei solchen, die schon durch Erfahrung aufgeklärt, sich mehr bewußt sind.« – »Das Bewußtsein, mein Liebster«, entgegnete Charlotte, »ist keine hinlängliche Waffe, ja manchmal eine gefährliche für den, der sie führt.« *Aus ›Die Wahlverwandtschaften‹*

und Gesellschaftsroman mit deutlichen zeitgeschichtlichen Bezügen: Die Situation der niederen Aristokratie, in deren Sphäre sich das Geschehen ereignet und die nach der Französischen Revolution ihre ökonomische wie politische Bedeutung verloren hatte, stellt die Grundlage und einen maßgeblichen Faktor des sittlichen Konflikts dar. Unter den Zeitgenossen Goethes stießen die ›Wahlverwandtschaften‹ auf durchaus gegensätzliche Reaktionen. Während Kritiker wie Friedrich Heinrich Jacobi den Roman als »Höllenfahrt der bösen Lust« bezeichneten, glaubten andere darin ein Plädoyer für die Unauflöslichkeit der Ehe zu erkennen. Solche einseitigen moralischen Wertungen werden dem Roman freilich nicht gerecht: Er führt den existentiellen ethischen Konflikt lediglich vor; wie eine mögliche Lösung aussehen könnte, läßt er indessen offen.

In den ›Wahlverwandtschaften‹ wie in dem ›Sonetten‹-Zyklus deutete sich eine gewisse Abkehr Goethes von den strengen Kunstprinzipien der klassischen Epoche an. Zu den neuen Denk- und Anschauungsformen, die er in der Zeit nach Schillers Tod entwickelte und die bestimmend für sein Alterswerk werden sollten, gehören vor allem das aus den Gestaltungsprozessen der Natur gewonnene Prinzip der »Polarität und Steigerung«, der Gedanke des Zyklischen und die Tendenz zu einer vielschichtigen, verdichteten Symbolsprache. Neue Anregungen und Eindrücke erhielt Goethe auch durch seine Begegnungen mit den Romantikern, denen er sich mit skeptischer Aufmerksamkeit zu nähern begann. Davon zeugt seine bereits 1806 erschienene ausführliche Rezension der von Achim von Arnim und Clemens Brentano herausgegebenen (und ihm gewidmeten) Liedersammlung ›Des Knaben Wunderhorn‹ ebenso wie seine intensive Beschäftigung mit den Dichtungen des Mittelalters: darunter Friedrich Heinrich von Hagens Neubearbeitung des Nibelungenlieds sowie eine Reihe alter Heldenlieder und Spiel-

82 **Achim von Arnim** (1781–1831). Arnim studiert zunächst Naturwissenschaften in Halle und Göttingen und freundet sich dort mit Clemens Brentano an. Mit ihm und J. Görres lebt er 1804–1809 in Heidelberg, das zum Mittelpunkt der jüngeren Romantiker wird. Die mit Brentano gemeinsam herausgegebene Volksliedersammlung ›Des Knaben Wunderhorn‹ (1806–1808) beeinflußt viele Dichter und die Lieddichtung der deutschen Romantik.

mannsepen (›Edda‹, ›König Rother‹), deren Lektüre ihn zu dem Maskenzug ›Die romantische Poesie‹ (1811) inspirierte. Goethes wiedererwachendes Interesse an altdeutscher Kunst verdankte sich schließlich auch der Begegnung mit dem Kölner Kunstsammler Sulpiz Boisserée, der ihn im Mai 1811 in Weimar besuchte und bald zum engen Freund werden sollte. Auf die Ausführungen des Gastes reagierte Goethe in seiner steifen Art allerdings zunächst reserviert: »Ja, ja, schön, hem, hem.« – »Erst als wir von der alten Malerei sprachen, taute er etwas auf«, schrieb Boisserée seinem Bruder Melchior am 3. Mai 1811. Er berichtete Goethe nicht nur ausführlich von seiner großen Gemäldesammlung altdeutscher und altniederländischer Malerei, sondern legte ihm auch Zeichnungen zur geplanten Vollendung des Kölner Doms vor. Daß diese Goethes besonderes Interesse weckten, da sie ihn an seine einstige, längst vergessene Begeisterung für den gotischen Bau des Straßburger Münsters erinnerten, hing auch mit der Arbeit an seiner Autobiographie zusammen.

»Seit der großen Lücke, die durch Schillers Tod in mein Dasein gefallen ist, bin ich lebhafter auf das Andenken der Vergangenheit hingewiesen und empfinde gewissermaßen leidenschaftlich, welche Pflicht es ist, das, was für ewig verschwunden scheint, in der Erinnerung aufzubewahren«, hatte Goethe bereits in einem Brief an Philipp Hackert vom 14. Oktober 1806 bekannt. Das erste Schema zu der geplanten Lebensbeschreibung unter dem Titel ›Wahrheit und Dichtung‹ entstand 1809; von 1811 bis 1814 konnten dann, nach kontinuierlicher Niederschrift, die ersten drei Teile des Werkes erscheinen, das er nun aus Gründen des Wohlklangs in ›Dichtung und Wahrheit‹ umbenannte. Nach einer langen Pause nahm Goethe 1824 die Arbeit am vierten Teil – über die Begegnung mit Lili – wieder auf; dieser blieb jedoch fragmentarisch und wurde erst nach der Redaktion durch seine Nachlaßverwalter postum (1833) veröffentlicht. Mit dem Werk schuf

83 **Clemens Brentano** (1778–1842) gilt als eine der vielseitigsten Dichter der deutschen Romantik. Zu seinen bedeutendsten Werken zählen neben zahlreichen Gedichten und Balladen (›Zu Bacharach am Rheine‹) der ganz vom Geist der romantischen Ironie geprägte Roman ›Godwi oder Das steinerne Bild der Mutter‹ (1801), die novellistische ›Geschichte vom braven Kasperl und dem schönen Annerl‹ (1817) sowie die postum erschienenen, meist sprachsatirischen ›Märchen‹ (1846).

Goethe gewissermaßen einen neuen Typus der Autobiographie. Indem er gerade die Wechselwirkung von Ich und Welt in den Mittelpunkt seiner Darstellung rückte, führte er die beiden Traditionsstränge des Genres – subjektive Selbstbespiegelung der »Bekenntnis«-Literatur auf der einen, historisch-objektivierende ›Memoiren‹ auf der anderen Seite – zusammen: »Denn dieses scheint die Hauptaufgabe der Biographie zu sein, den Menschen in seinen Zeitverhältnissen darzustellen, und zu zeigen, inwiefern ihm das Ganze widerstrebt, inwiefern es ihn begünstigt, wie er sich eine Welt- und Menschenansicht daraus gebildet, und wie er sie, wenn er Künstler, Dichter, Schriftsteller ist, wieder nach außen abgespiegelt.« (DuW). Dabei ging es Goethe nicht in erster Linie um eine möglichst genaue Wiedergabe der historischen Tatsachen, sondern um die literarische Rekonstruktion der eigenen, im Sinne einer organischen Metamorphose gefaßten Entwicklung aus der Perspektive des rückschauenden Bewußtseins: um die Spiegelung von »Vergangenem im Gegenwärtigen«. Die »Wahrheit« der Fakten bedürfe daher – so begründete er den Titel des Werkes – der sinngebenden Deutung durch die dichterische »Einbildungskraft«.

Jenes Ineinanderfließen von Vergangenem und Gegenwärtigem, wie es sich in ›Dichtung und Wahrheit‹ dokumentiert, gehört zu den Grundtendenzen von Goethes Spätwerk und zeugt von seinem mit zunehmendem Alter immer stärker empfundenen Gefühl der Selbsthistorisierung. So bekannte er wenige Monate vor seinem Tod in einem Brief an Wilhelm von Humboldt vom 1. Dezember 1831, »daß in meinen hohen Jahren mir alles mehr und mehr historisch wird: ob etwas in der vergangenen Zeit, in fernen Reichen, oder mir ganz nah räumlich im Augenblicke vorgeht, ist ganz eins, ja ich erscheine mir selbst immer mehr und mehr geschichtlich.«

Zur Anschauung gesellt sich die Einbildungskraft, diese ist zuerst nachbildend, die Gegenstände nur wiederholend. Sodann ist sie produktiv, indem sie das Angefaßte belebt, entwickelt, erweitert, verwandelt.

An Knebel, 21. Februar 1821

»Nur dies Herz, es ist von Dauer«
Verjüngung

Die Ära der Napoleonischen Herrschaft war im Oktober 1813 durch den Sieg der Verbündeten in der Völkerschlacht bei Leipzig zu Ende gegangen. Nach mehr als 20 Jahren Krieg auf dem europäischen Kontinent begann im Frühjahr 1814 mit dem Einzug der Koalitionsarmeen in Paris eine neue Friedensepoche. Auf dem Wiener Kongreß von 1814/1815 trafen unter dem Vorsitz Metternichs die Vertreter der Siegermächte zusammen und bemühten sich weniger um eine politische Neuordnung als um die weitgehende Wiederherstellung der vorrevolutionären Machtverhältnisse im Zeichen der Restauration. Zum Unmut vieler seiner patriotisch gesinnten Freunde und Zeitgenossen hatte sich Goethe, dem die nationalen Bestrebungen seiner Landsleute fremd waren, während der Befreiungskriege von allen politischen Auseinandersetzungen ferngehalten und sich ganz auf die eigene Arbeit, zumal auf seine naturwissenschaftlichen und autobiographischen Projekte zurückgezogen. In den Annalen zum Jahr der bedeutenden politischen Wende (1813) notierte

84 Der allgemeine Weltfriede, geschlossen 1814. Allegorische Darstellung des Friedens von Paris. Während die Alliierten als Friedenszeichen einen Ölzweig erhalten und Frankreich im Lilienmantel Ludwig XVIII. von Bourbon auf den Thron hilft, wird Napoleon in den Abgrund gedrängt.

er: »Hier muß ich noch einer Eigentümlichkeit meiner Handlungsweise gedenken. Wie sich in der politischen Welt irgend ein ungeheures Bedrohliches hervortat, so warf ich mich eigensinnig auf das Entfernteste.«

Immerhin entschloß er sich nach einigem Zögern, ein Festspiel anläßlich des Sieges über Napoleon zu schreiben, um das ihn der Berliner Theaterdirektor August Wilhelm Iffland gebeten hatte. ›Des Epimenides Erwachen‹ lautete der Titel dieser zum Jahrestag des Einmarsches in Paris (30. März 1814) aufgeführten Auftragsarbeit, die er zugleich zum Anlaß nahm, seine reservierte Haltung in den Jahren der Napoleonischen Herrschaft zu rechtfertigen. Die mythologische Gestalt des Sehers Epimenides, der eine lange Epoche des Krieges verschläft, dadurch aber zu neuen seherischen Kräften gelangt, wird zum verschlüsselten Ebenbild Goethes: Reuig zeigt er sich angesichts der »Ruhestunden« seines beschaulich-zurückgezogenen Lebens, das ihn vom Leiden seiner Landsleute abgeschirmt hatte. Doch der Priester entschuldigt sein Verhalten am Ende mit den Worten, in denen Goethes eigene Bestimmung des Dichters zum Ausdruck kommt: »Tadle nicht der Götter Willen / Wenn du manches Jahr gewannst: / Sie bewahrten dich im stillen, / Daß du rein empfinden kannst …« (V. 863ff.).

Im Sommer 1814, nachdem die »Aufklärung des politischen Himmels« dies wieder ermöglichte, brach Goethe zu einer Reise in die Rhein-Main-Gegenden auf. Seine autobiographische Arbeit hatte ihm die Heimat, die Stätten seiner Kindheit und Jugend, in lebendige Erinnerung gerufen. Nun, nach 17 Jahren, zog es ihn dorthin zurück: nach Wiesbaden zunächst zu einem erholsamen Badeaufenthalt, nach Frankfurt, wo er alte und neue Bekannte sah, in den Rheingau und schließlich nach Heidelberg, wo er erneut mit Boisserée zusammentraf und begeistert dessen Gemäldesammlung in Augenschein nahm. Es war eine Zeitreise, die Goethe unternahm, und schon bald sprach er von einer »zweiten

---

Von Goethe kann ich dir wenig Erfreuliches mitteilen; diese unruhigen Zeiten haben seine Behaglichkeit gestört, und das empfindet er übel … Auch meinte er: »man müsse sich auf alle Art zerstreuen, und er arrangierte jetzt seine Kupferstiche nach den Schulen; das sei Opium für die jetzige Zeit.« Nimm dies, wie du willst: mir war es leid, daß Er für die jetzige Zeit, die freilich lastenvoll, aber doch groß und herrlich ist, Opium will.

Louise Seidler an Pauline Schelling, 12. Dezember 1813

Jugend«, von »temporärer Verjüngung« und »wiederholter Pubertät«.

85 Goethes Reisekutsche

Goethes heiter-unbeschwerte Grundstimmung dieser Sommermonate, die er nun erstmals seit Schillers Tod wieder empfand, kam nicht nur aus den belebenden Reiseeindrükken. Im Gepäck führte er den ›Divan‹, die »Liedersammlung« des persischen Dichters Hafis aus dem 14. Jahrhundert mit sich, dessen soeben erschienene deutsche Übersetzung er von Cotta erhalten hatte. Eine fremde östliche Kulturwelt tat sich ihm darin auf, von der er sich sogleich in wahlverwandtschaftlicher Nähe angezogen fühlte: »Diese mohamedanische Religion, Mythologie, Sitte geben Raum einer Poesie wie sie meinen Jahren ziemt. Unbedingtes Ergeben in den unergründlichen Willen Gottes, heiterer Überblick des beweglichen, immer kreis- und spiralartig wiederkehrenden Erdetreibens, Liebe, Neigung, zwischen zwei Welten schwebend, alles Reale geläutert, sich symbolisch auflösend. Was will der Großpapa weiter?« (an Zelter, 11. Mai 1820). Die literarische Begegnung mit der weltüberschauenden, zugleich sinnlich-lebensfrohen Dichtung des Ostens entband in Goethe neue schöpferische Kräfte, er fühlte sich gestärkt, verjüngt und schuf seinen eigenen ›West-östlichen Divan‹, einen Gedichtzyklus im orientalischen Stil. Schon am ersten Tag der Reise entstand das Gedicht ›Phänomen‹, das die Himmelserscheinung des weißen Regenbogens im Nebel als ermunterndes Zeichen später Glücksverheißung deutet.

Phänomen
Wenn zu der Regenwand
Phöbus sich gattet,
Gleich steht ein Bogenrand
Farbig beschattet.

Im Nebel gleichen Kreis
Seh' ich gezogen,
Zwar ist der Bogen weiß,
Doch Himmelsbogen.

So sollst du, muntrer Greis,
Dich nicht betrüben:
Sind gleich die Haare weiß,
Doch wirst du lieben.

Der Fünfundsechzigjährige konnte kaum ahnen, wie bald sich seine lyrische Prophezeiung erfüllen sollte. In Frankfurt begegnete er Marianne von Willemer, einer jungen Tänzerin österreichischer Herkunft, die im selben Sommer den Bankier Johann Jakob von Willemer geheiratet hatte. Aus der freundlichen, zunächst eher flüchtigen Bekanntschaft wuchs im folgenden Jahr 1815, als es Goethe erneut an Rhein und Main zog, tiefe wechselseitige Zuneigung. Hafis war ihm inzwischen zum »lieblichen Lebensbegleiter« geworden, die Sammlung des ›Divan‹ auf 100 Gedichte angewachsen. Nun, in der Begegnung mit der anmutigen »kleinen Frau«, entspann sich ein erotisch-poetischer Liebesdialog nach orientalischem Vorbild. In einen weiten »Prophetenmantel« gehüllt – die Geliebte lieferte den Turban und die türkischen Pantoffeln dazu – verwandelte sich Goethe in den persischen Dichter Hatem, den »sich Verschenkenden«. Das ironisch camouflierende Spiel mit der lyrischen Rolle gipfelt in den Versen ›Locken, haltet mich gefangen‹; an die Stelle des zu erwartenden Reimworts »Goethe« tritt in der dritten Strophe der Nichtreim »Hatem«: »Du beschämst wie Morgenröte / Jener Gipfel ernste Wand, / Und noch einmal fühlet Hatem / Frühlingshauch und Sommerbrand.«

86 Marianne von Willemer (1784–1860). Gemälde von Anton Radl, 1819

Marianne, als Suleika »benamst«, antwortete seinen Versen und erwies sich als ebenbürtige Partnerin im poetischen Dialog. So

87 ›West-östlicher Divan‹. Koloriertes Titelblatt der Erstausgabe, 1819 ▶

entstanden in Frankfurt und in Heidelberg, wo die Liebenden im späten September auf dem Schloßaltan noch einmal zusammentrafen, die Gedichte des ›Buch Suleika‹, darunter die berühmten Strophen auf jenes Blatt »von Osten» (›Gingo biloba‹) und Mariannes Gedichte an den Ost- und Westwind, die Goethe später in leicht veränderter Form in den ›Divan‹ aufnahm. Er hat Suleika-Marianne nach dem schwermütigen Abschied von Heidelberg nie wiedergesehen. Eine geplante dritte Reise in die Heimat scheiterte im folgenden Sommer an einem Achsenbruch des Reisewagens, den der abergläubische Dichter als Omen nahm und sein Vorhaben schließlich aufgab.

Die Arbeit am ›Divan‹ ging indessen »mit viel Neigung, Liebe, Leidenschaft« weiter. Als das Werk 1819 erschien, umfaßte es rund 400 Gedichte in zwölf thematisch geordneten, zyklisch miteinander verbundenen Büchern. Das Einleitungsgedicht ›Hegire‹ – die Reise des Propheten Mohammed von Mekka nach Medina bezeichnend – gibt den poetischen Bezugsrahmen des gesamten ›Divan‹ vor: Vor den gegenwärtigen politischen Wirren Europas

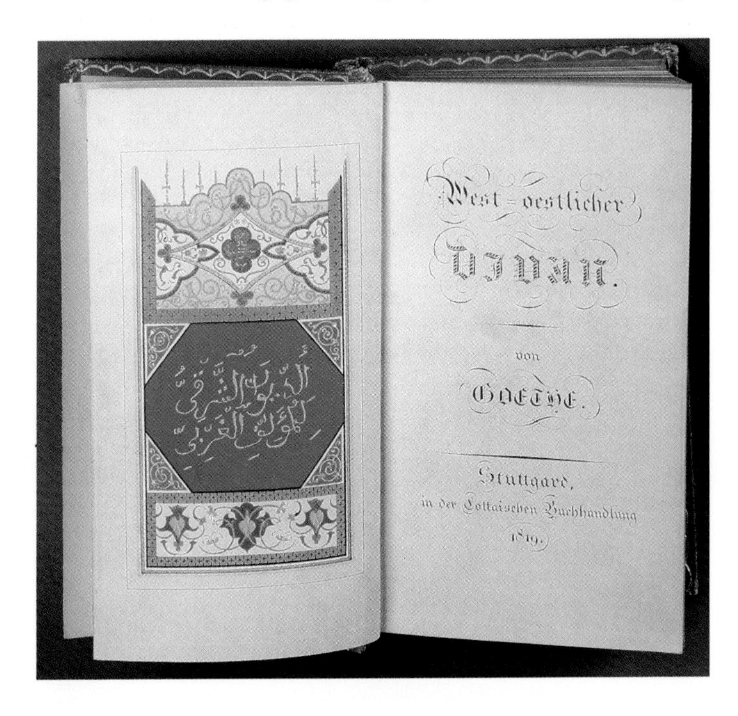
الديوان الشرقي
للمؤلف الغربي

West-oestlicher
Divan.

von
Goethe.

Stuttgart,
in der Cottaischen Buchhandlung
1819.

Ginkgo biloba

Dieses Baums Blatt, der von Osten
Meinem Garten anvertraut,
Giebt geheimen Sinn zu kosten,
Wie's den Wissenden erbaut.

Ist es Ein lebendig Wesen,
Das sich in sich selbst getrennt,
Sind es zwey die sich erlesen,
Daß man sie als Eines kennt.

Solche Frage zu erwiedern
Fand ich wohl den rechten Sinn,
Fühlst du nicht an meinen Liedern
Daß ich Eins und doppelt bin.

d. 15. S. 1815

88 Das Gedicht ›Ginkgo biloba‹ in Goethes Handschrift mit zwei aufgeklebten Ginkgo-Blättern

flieht der Dichter in den »reinen Osten / Patriarchenluft zu kosten«, und verspricht sich von dieser Reise in die Jugend der Menschheit eigene Verjüngung. Jugendlich-heiter, farbig und lebendig dichtet er; eine ganze Skala neuer Töne und Themen findet Goethe für diesen Zyklus, in dem sich östliche und westliche Welt in geistreichem Spiel miteinander verbinden. Scheinbar mühelos wechselt er vom religiösen Pathos der großen philosophischen Gedichte und kosmischen Hymnen (›Selige Sehnsucht‹, ›Wiederfinden‹) zur fast beiläufig wirkenden Alltagssprache, von der politisch-gegenwartsbezogenen Betrachtung (›Buch Timur‹) zum intimen Liebesgespräch (›Buch Suleika‹), von der dichterischen Selbstreflexion (›Buch des Sängers‹, ›Buch Hafis‹) zur Feier des Weinrausches (›Schenkenbuch‹), von der altersweisen Spruchdichtung (›Buch der Betrachtungen‹, ›Buch des Unmuts‹, ›Buch der Sprüche‹) zur jenseitigen Glücks- und Liebesverheißung (›Buch des Paradieses‹). All das, was Goethe an der orientalischen Poesie bewunderte, »Geist, Übersicht des Weltwesens, Ironie, freien Gebrauch der Talente«, hat er in seinem ›Divan‹ vereint. Die zyklische Struktur des Werks, die auch und gerade die scheinbar disparatesten Elemente nach dem Prinzip der »Polarität und Steigerung« zu einem dichten Motivgeflecht verknüpft, gehört ebenso zu den

---

Da hat man nun auf seine alten Tage sich mühsam von der Jugend, welche das Alter zu stürzen kommt, seines eigenen Bestehens wegen abgesperrt, und hat sich, um sich gleichmäßig zu erhalten, vor allen Eindrücken neuer und störender Art zu hüten gesucht, und nun tritt da mit einem Male vor mich hin eine ganz neue und bisher mir ganz unbekannte Welt von Farben und Gestalten, die mich aus dem alten Gleise meiner Anschauungen und Empfindungen hinauszwingt – eine neue, ewige Jugend.

Goethe über Rogier van der Weyden

Kennzeichen seines Altersstils wie jene kunstvoll verrätselnde, zugleich enthüllende Symbolsprache, die in der einzelnen sinnlichen Erscheinung das Allgemeine und Bedeutsame aufscheinen läßt.

Daß die exotische Welt des ›Divan‹ dem deutschen Publikum fremd sein würde, war Goethe schon während der Niederschrift bewußt. Um den Zeitgenossen das Verständnis für den östlichen Kulturraum zu erleichtern, fügte er dem Werk die ›Noten und Abhandlungen‹ bei, eine umfangreiche Erläuterungsschrift, die zu seinen bedeutendsten kulturhistorischen Arbeiten zählt. Auch sie konnte freilich nicht verhindern, daß die Rezeption des ›Divan‹ dessen poetischem Rang lange Zeit nicht gerecht wurde.

Seine Reisen in die Rhein- und Main-Gegenden hatten Goethe auch in anderer Hinsicht neue Anregungen gebracht. Vor allem dem Einfluß der Brüder Sulpiz und Melchior Boisserée war es zu verdanken, daß er sich nun unbefangener der von den Romantikern bewunderten Kunst des Mittelalters zu nähern begann. Aus rheinischen Kirchen und Klöstern, deren Kunstschätze im Zuge der Säkularisation verschleudert worden waren, hatten die Brüder inzwischen rund 200 Gemälde zusammengetragen, darunter Werke Albrecht Dürers und den bedeutenden »Dreikönigsaltar« Rogier van der Weydens, der bei Goethe einen besonders tiefen Eindruck hinterließ. Bereits im Sommer 1814 hatte er sich entschlossen, die Heidelberger Sammlung der Brüder Boisserée in einem ausführlichen Bericht zu würdigen. Der Plan weitete sich im folgenden Jahr zu einem umfangreichen Gutachten über Zustand und Erhaltung der rheinischen Kunstgüter nach dem Krieg aus, um das ihn der Freiherr vom Stein als Verwalter der nun-

89 Der Dreikönigsaltar von Rogier van der Weyden, um 1455

mehr unter preußischer Herrschaft befindlichen Rheinprovinzen gebeten hatte. Im Juni 1816 erschien die in Form eines Reiseberichts gestaltete Denkschrift unter dem Titel ›Ueber Kunst und Alterthum in den Rhein und Mayn Gegenden‹; sie war zugleich der Auftakt zu der Zeitschrift ›Ueber Kunst und Alterthum‹, die Goethe bis 1828 fortführte.

Hatten die Romantiker angesichts seiner großen Würdigung der mittelalterlichen Kunstschätze schon über die »Bekehrung des alten Heidenkönigs« (Sulpiz Boisserée) frohlockt, so wurden sie bei Erscheinen des zweiten Hefts der Zeitschrift (1817) herb enttäuscht. Dieses eröffnete mit dem von Heinrich Meyer (unter Goethes Mitwirkung) verfaßten Aufsatz ›Neu-deutsche religios-patriotische Kunst‹, einer polemischen Invektive gegen den »altertümelnden katholisch-christelnden Kunstgeschmack« und die leidige »Kinderpäpstelei«. Goethe machte damit unmißverständlich klar, daß er sich nicht für die patriotischen wie religiösen Tendenzen der romantischen Kunstauffassung vereinnahmen ließ und es vornehmlich ein historisches Interesse war, das er der altdeutschen Kunst entgegenbrachte. Keineswegs wollte er die mittelalterlichen Werke zum Vorbild der Gegenwartskunst erhoben wissen; für ihn stand der normative Rang der klassischen Antike nach wie vor außer Frage: »Jeder sei auf seine Art ein Grieche! Aber er sei's«, forderte er in seinem Aufsatz ›Antik und Modern‹ (1818). Dabei ging es ihm freilich nicht um »gräzisierende« Imitation, sondern um ein – ganz im Schillerschen Sinne – »sentimentalisches« Verhältnis zur antiken Welt, das sich der unaufhebbaren historischen Distanz stets bewußt bleibt. Goethes partielle Öffnung für die romantische Kunst bedeutete daher keine Abkehr von den klassischen Prinzipien; vielmehr versuchte er, wie in seinem Aufsatz ›Über Klassiker und Romantiker in Italien‹ (1820), zwischen beiden Richtungen zu vermitteln. Eine dichterische Synthese von Klassik und Romantik schuf er

90 **Sulpiz Boisserée** (1783–1854). Kreidezeichnung von J. Schmeller, 1826. Gemeinsam mit seinem Bruder Melchior setzte sich Boisserée für die Vollendung des Kölner Doms ein. 1827 erwarb Ludwig I. von Bayern die bedeutende Sammlung der beiden Brüder von Kunstwerken der deutschen und niederländischen Malerei für die Alte Pinakothek in München. Die Tagebücher Boisserées zählen neben dem Briefwechsel zu den bedeutendsten Dokumenten über den späten Goethe.

schließlich im Helena-Akt des ›Faust II‹: Dort erscheint die Welt der Antike als sentimentalisch-romantisches Ideal der Moderne.

Nach den vielgestaltigen erneuernden und schöpferischen Impulsen der Rhein- und Mainreisen brachte Goethe das folgende Jahr 1816 einen schweren Verlust: Am 6. Juni starb seine Frau Christiane. Sie erlag einer Blutvergiftung, einer Urämie infolge Nierenversagens. In ihren letzten Tagen litt sie grauenvolle Qualen; selbst die Pflegerinnen mußten das Zimmer verlassen, da sie die Schreie der Sterbenden, die sich vor Schmerz die Zunge durchgebissen hatte, nicht mehr ertragen konnten. Goethe, selbst durch ein heftiges Fieber ans Bett gefesselt und unfähig, sein Grauen vor Krankheit und Tod zu überwinden, ließ sie in ihrer letzten Stunde allein. Sein Tagebuch verzeichnet: »Nahes Ende meiner Frau. Letzter fürchterlicher Kampf ihrer Natur. Sie verschied gegen Mittag. Leere und Totenstille in und außer mir.« Wie tief seine Erschütterung war, bezeugen die Verse der Grabschrift, die er noch am Todestag niederschrieb: »Du versuchst, o Sonne, vergebens, / Durch die düstren Wolken zu scheinen! / Der ganze Gewinn meines Lebens / Ist, ihren Verlust zu beweinen.«

Mit dem Tod Christianes ging für Goethe eine fast drei Jahrzehnte währende, glückliche Lebensgemeinschaft zu Ende. Er hatte in ihr weit mehr verloren als den »Bettschatz« für sinnenfrohe Stunden und die tüchtige Wirtschafterin seines großen Haushalts: eine couragierte, lebenskluge Frau, die für Wärme und Wohlbehagen in seinem Leben sorgte, die ihn mit ihrer natürlichen Fröhlichkeit und Vitalität immer wieder vor den Anfechtungen der Melancholie bewahrte und die ihm bis zuletzt in inniger Liebe verbunden war. »Seit sie ihren ersten Schritt in mein Haus tat«, bekannte Goethe nur wenige Jahre vor ihrem Tod, »habe ich ihr nur Freuden zu danken.« Nun wurde es einsam in seinem Haus.

Daß du dich nicht wohl befindest, hat mir viele Sorge gemacht ... Es ist itzo mein einziger Gedanke, Dich wiederzusehen und Dir zu sagen, wie lieb ich Dich habe. Und wie freue ich mich, wenn ich jeden Morgen, wie ich aufwache, Dir danken kann, wie meine Kräfte wieder zugenommen haben. Ich danke auch alle Morgen Gott dafür. Nun lebe wohl und denke mein.

Christiane an Goethe, Jena, 10. März 1815

Wie stets, wenn ihn der Trübsinn zu überwältigen drohte, rettete sich Goethe auch jetzt – so schrieb er am 16. Oktober an Willemer – in »ununterbrochene Tätigkeit nach innen und außen«. Gelegenheit dazu bot ihm ein neues Amt in der herzoglichen Staatsverwaltung. Nachdem Sachsen-Weimar 1815 durch die Wiener Beschlüsse mit einer bedeutenden Gebietserweiterung zum Großherzogtum ernannt worden war, trat am 5. Mai des folgenden Jahres eine neue landständische Verfassung in Kraft. Dem noch im selben Monat einberufenen ersten Landtag gehörten nun neben ritterschaftlichen und bürgerlichen Vertretern auch zehn Abgeordnete des Bauernstandes an. Als einer der ersten deutschen Monarchen hatte Carl August ein äußerst liberales Grundgesetz erlassen, das dem Landtag ein Mitspracherecht bei der Gesetzgebung und bei der Steuerbewilligung einräumte; darüber hinaus schrieb es in seiner Präambel die Pressefreiheit fest, eine einzigartige Garantie, die das Land bis zu den restaurativen »Karlsbader Beschlüssen« von 1819 zum Zentrum des liberalen und nationalen Journalismus werden ließ. Im Zuge der durchgreifenden Staatsreform wurde nun auch das bisherige Beratungsorgan des Herzogs, das Geheime Conseil, durch ein Großherzogliches Staatsministerium ersetzt, bestehend aus drei Ministern und einem Präsidenten mit eigenen Kompetenzen. Goethe gehörte diesem Gremium zwar nicht mehr an, blieb jedoch Staatsminister und erhielt ein eigenes Ressort, die »Oberaufsicht über die unmittelbaren An-

91 Goethe im Alter von 70 Jahren. Gemälde von George Dawe, 1819. Thomas Mann schreibt darüber in ›Goethe als Repräsentant des bürgerlichen Zeitalters‹: ein »Bild, das ich immer als besonders lebenswahrscheinlich empfunden habe, mit diesen Augen voll kindlicher Verschlagenheit, tiefer und gütiger Erfahrenheit, diesem wissenden Wohlwollen für das Menschliche«

stalten für Wissenschaft und Kunst in Weimar und Jena«. Zu den elf Instituten gehörten unter anderem Bibliothek, Münzkabinett, Zeicheninstitut und Parks in Weimar sowie die Jenaer Universität mit der Botanischen Anstalt und den Naturalienkabinetten. Noch hatte Goethe auch die Leitung des Weimarer Theaters inne; nach wiederholten Intrigen der Schauspielerin Caroline Jagemann, einer Mätresse des Herzogs, legte er das Amt jedoch im April 1817 entnervt nieder. Hauptgrund für den Eklat, der auch das freundschaftliche Verhältnis zwischen Goethe und Carl August zeitweise trübte, war der Bühnenauftritt eines dressierten Pudels, den die kapriziöse Tragödin gegen den Willen des Intendanten (und erklärten Hundehassers) durchgesetzt hatte.

Neben seinen kulturpolitischen Aktivitäten beschäftigten Goethe nun auch wieder, angeregt durch die Aufsicht über die naturwissenschaftlichen Institute in Jena, intensive Studien zur Naturforschung. Seine zahlreichen verstreuten Aufsätze zu den Gebieten der Botanik, Zoologie, Geologie, Meteorologie, Optik und Astronomie publizierte er von 1817 bis 1824 in zwei eigenen Schriftenreihen: ›Zur Naturwissenschaft überhaupt‹ und ›Zur Morphologie‹. Hier erschienen neben rein naturkundlichen Studien und kurzen autobiographischen Skizzen (›Geschichte meines botanischen Studiums‹, ›Schicksal der Handschrift‹, ›Glückliches Ereignis‹) auch die bedeutenden naturphilosophischen Gedichte dieser Jahre: ›Urworte. Orphisch‹ und ›Eins und alles‹ – eine Hymne auf die allwirkende Natur und das ewig gestaltende Lebensgesetz der Metamorphose.

Seine Naturforschungen, insbesondere zur Geologie, setzte Goethe auch während der ausgedehnten sommerlichen Aufenthalte in den böhmischen Bädern fort, die er seit 1785 zu Trink- und Badekuren regelmäßig aufsuchte. Hatte er sich in den letzten Jahren vor allem in Karlsbad aufgehalten und die geologischen

Und umzuschaffen das Geschaffne,
Damit sich's nicht zum Starren
waffne,
Wirkt ewiges lebendiges Tun.
Und was nicht war, nun will es
werden,
Zu reinen Sonnen, farbigen Erden,
In keinem Falle darf es ruhn.

Es soll sich regen, schaffend handeln,
Erst sich gestalten, dann verwandeln;
Nur scheinbar steht's Momente
still.
Das Ewige regt sich fort in allen,
Denn alles muß in Nichts zerfallen,
Wenn es im Sein beharren will.

Aus ›Eins und alles‹

92 Ulrike von Levetzow (1804–1899). Pastell von Franz Scherer, 1821

Verhältnisse der Gegend um den Kammerberg bei Eger ausgiebig erkundet und dokumentiert, so zog es ihn im Sommer 1821 in den aufstrebenden neuen Kurort Marienbad. Dort nahm er Quartier im großen Haus des Grafen von Klebelsberg-Thumburg, Freund der vierunddreißigjährigen verwitweten Amalie von Levetzow, die Goethe bereits aus seinen Karlsbader Aufenthalten bekannt war. Mehr als die schöne Mutter interessierte ihn bald deren siebzehnjährige Tochter Ulrike. Als Vierjährige hatte er sie bereits gesehen, und es war zunächst eine väterliche Zuneigung, die ihn an das zierliche blonde Mädchen mit den großen blauen Augen band. Man unternahm gemeinsame Spaziergänge, Goethe erläuterte ihr seine Mineraliensammlungen und schob, um das »Töchterchen« für seine geologischen Interessen zu begeistern, gelegentlich Schokoladentafeln unter die Steine. Erst zwei Jahre später, im Marienbader Sommer von 1823, wandelte sich die »väterliche Liebe« in tiefe Leidenschaft. Der Vierundsiebzigjährige trug sich mit ernsthaften Heiratsabsichten und konsultierte – eben von einer gefährlichen Herzbeutelentzündung genesen – seinen Arzt, der ihm versicherte, daß eine Heirat in seinem Alter keineswegs schaden würde. Carl August, Goethes Begleiter auf der Reise, übernahm die Rolle des Brautwerbers und sprach bei der Mutter Amalie für den Freund vor. Sie faßte

Mir ist das All, ich bin mir selbst verloren,
Der ich noch erst den Göttern Liebling war;
Sie prüften mich, verliehen mir Pandoren,
So reich an Gütern, reicher an Gefahr;
Sie drängten mich zum gabeseligen Munde,
Sie trennen mich, und richten mich zu Grunde.

Schlußverse der ›Marienbader Elegie‹

das Ansuchen zunächst als Scherz auf, beriet sich dann mit der Tochter, die sich die Galanterien des alten Herrn bisher hatte artig gefallen lassen, nun aber beteuerte, sie habe eigentlich »noch gar keine Lust zu heiraten«. Eine definitive Antwort auf den Antrag des Dichters blieb indessen aus. Um sich der unangenehmen Situation zu entziehen, entschlossen sich die Levetzows schließlich zur kurzfristigen Abreise in Richtung Karlsbad. »Alles …, was mich leben machte, ist geschieden, die Hoffnung eines nahen Wiedersehens zweifelhaft«, schrieb Goethe resigniert am 19. August an seine Schwiegertochter Ottilie. Nur wenige Tage hielt es ihn noch in Marienbad, dann fuhr er der Geliebten nach. Doch das ersehnte zustimmende Wort Ulrikes blieb aus. Nach dem Abschied von Karlsbad dann, auf der langen Heimreise nach Weimar, entstanden die erschütternden Verse der ›Marienbader Elegie‹. Ihnen vertraute der Dichter an, wie sehr ihn diese letzte große Leidenschaft im Innersten aufgewühlt und verstört hatte. Sie sind Ausdruck tiefster Verzweiflung, düster wie keine andere seiner Liebesklagen, ohne jeden Trost, gesteigert bis zum Pathos der Tragödie.

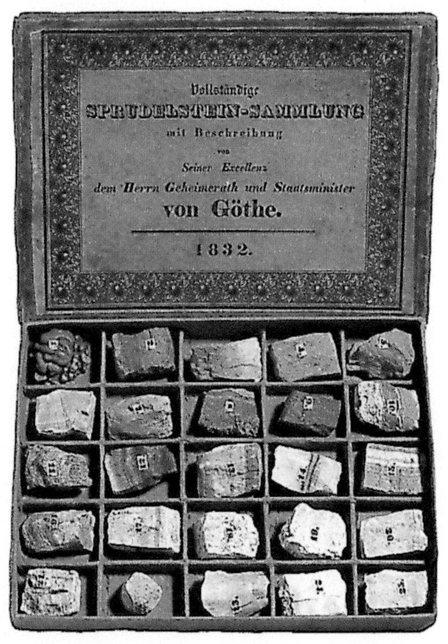

93 Goethes Sprudelstein-Sammlung

Den trostlosen Schlußzeilen der ›Elegie‹ ließ Goethe freilich nicht das letzte Wort. Es ist bezeichnend für seine konziliante, letztlich untragische Lebens- und Kunstbetrachtung, daß er die Dichtung später als Mittelstück in seine ›Trilogie der Leidenschaft‹ einfügte: Diese eröffnet mit einer dunklen Reminiszenz ›An Werther‹, den tragischen Romanhelden aus Jugendtagen, der dem Dichter nun wieder in wahlverwandtschaftliche Nähe gerückt war. An den Schluß setzte er – nach den klagenden Strophen der ›Elegie‹ – das Gedicht mit dem sprechenden Titel ›Aussöhnung‹. Schon während des Marienbader Sommers war die (erst später so betitelte) ›Aussöhnung‹ als Widmungsgedicht für die schöne Petersburger Hofpianistin Maria Szymanowska entstanden, deren »seelenvolles« Spiel Goethe in Böhmen tief bewegt hatte. So beschwören die Strophen, im Titel den aristotelischen Begriff der Katharsis andeutend, die heilenden Kräfte der Musik: die Befreiung von der erdrückenden Gewalt der Leidenschaft im »Doppelglück der Töne wie der Liebe«.

Aussöhnung
Die Leidenschaft bringt Leiden! – Wer beschwichtigt
Beklommnes Herz, das allzuviel verloren?
Wo sind die Stunden, überschnell verflüchtigt?
Vergebens war das Schönste dir erkoren!
Trüb' ist der Geist, verworren das Beginnen;
Die hehre Welt, wie schwindet sie den Sinnen!

Da schwebt hervor Musik mit Engelschwingen,
Verflicht zu Millionen Tön' um Töne,
Des Menschen Wesen durch und durch zu dringen,
Zu überfüllen ihn mit ew'ger Schöne:
Das Auge netzt sich, fühlt im höhern Sehnen
Den Götterwert der Töne wie der Tränen.

Und so das Herz erleichtert merkt behende,
Daß es noch lebt und schlägt und möchte schlagen,
Zum reinsten Dank der überreichen Spende
Sich selbst erwidernd willig darzutragen.
Da fühlte sich – o daß es ewig bliebe! –
Das Doppelglück der Tränen wie der Liebe.

»Kein Wesen kann zu nichts zerfallen«

Letzte Jahre

Die »Aussöhnung«, die Goethe in der Dichtung gelang, blieb im wirklichen Leben indessen aus. Noch lange zehrte er an dem Schmerz der letzten, unerfüllbaren Liebe zu Ulrike von Levetzow, der ihn mit einer schweren Krankheit Anfang November 1823 auch körperlich angriff. »Es ist eben ein ›Hang‹, der mir noch viel zu schaffen machen wird, aber ich werde darüber hinauskommen. Iffland könnte ein charamantes Stück daraus fertigen, ein alter Onkel, der seine junge Nichte allzuheftig liebt«, äußerte er mit bitterer Selbstironie im Oktober gegenüber Kanzler Müller. Mit dem einschneidenden Ulrike-Erlebnis begann für Goethe das eigentliche Alter. Er mußte sich eingestehen, daß die belebenden Phasen der Verjüngung nun vorbei waren. Nach dem letzten Aufenthalt in Marienbad endeten die sommerlichen Badereisen nach Böhmen, und über Weimar und den unmittelbaren Umkreis gelangte Goethe während seiner letzten Jahre nicht mehr hinaus. Die Melancholie des Alterns betäubte er mit unablässiger Tätigkeit. Zum »Hauptgeschäft« dieser Zeit wurde – neben den beiden großen Alterswerken der

94 Goethes Haus am Frauenplan. Stich von Heinrich Müller

›Wanderjahre‹ und ›Faust II‹ – die aufwendige redaktionelle Arbeit an seiner vierzigbändigen ›Ausgabe letzter Hand‹, deren vollständiges Erscheinen er im März 1831 noch mit großer Genugtuung erlebte. 20 weitere Nachlaßbände erschienen nach seinem Tod von 1832 bis 1842.

Goethes Tagebuchnotizen geben Aufschluß über die ungeheure Arbeitsdisziplin, die er sich noch im hohen Alter abforderte. Sein Tagesablauf war streng gegliedert: Für gewöhnlich verließ er um 6 Uhr das Bett, nahm zum Frühstück – nach dem Bericht Riemers – »außer seinem Spaa-Wasser abwechselnd Kaffee, Schokolade oder Fleischbrühe« zu sich; gegen acht erschien einer seiner Sekretäre, zumeist der Schreiber John, um das Diktat der anliegenden Korrespondenzen und geschäftlichen Schriften aufzunehmen. Nach dem morgendlichen Spaziergang und einem zweiten, opulenteren Frühstück nahm er sich ab 10 Uhr Zeit für seine Studien. Zum Mittagessen gegen 14 Uhr lud Goethe häufig Gäste ein, wachte sorgfältig über Art und Zusammenstellung der Speisen und ließ reichlich Wein, besonders den geschätzten Würzburger, auftragen – er selbst konsumierte nicht selten drei Flaschen pro Tag. Sofern die Unterhaltung bei Tisch »geistvoll und belebt« war, wurde das Essen bis in den späteren Nachmittag ausgedehnt, ansonsten widmete er sich dem Garten oder seinen zahlreichen Sammlungen – den Münzen, Gemmen, Kupferstichen, Zeichnungen und Mineralien. Die Abendstunden waren wieder eigenen Arbeiten vorbehalten. Gegen 21 Uhr ging er zu Bett und las bis Mitternacht – »im Durchschnitt wenigstens einen Oktavband täglich«, wie er Friedrich von Müller berichtete.

Oft gehörte der Abend auch dem Kreis der Familie. Goethes

95 Ottilie Wilhelmine Henriette von Goethe, geborene von Pogwisch (1796–1872). Gemälde von Louise Seidler

Sohn August bewohnte gemeinsam mit seiner Frau Ottilie und den drei Kindern Walther, Wolfgang und Alma die Mansardenwohnung im Haus am Frauenplan. Nach dem Jurastudium in Heidelberg und Jena war er 1811, protegiert vom Vater, in den Weimarischen Staats- und Hofdienst eingetreten, wurde daneben als treuer Mitarbeiter und Haussekretär der großen »Goethe-Kanzlei« in Anspruch genommen. Er übernahm diese Arbeiten, so sehr sie ihn an der Ausbildung eigener Talente hinderten, durchaus gern und nicht ohne praktisches Geschick. Aber mehr und mehr litt er unter der erdrückenden Übermacht des Vaters und den großen Erwartungen an den Erben, die er schwerlich erfüllen konnte. Zeitlebens gelang es ihm nicht, sich aus der lähmenden Bindung an die väterliche Autorität zu lösen; Depressionen verdüsterten sein Gemüt, und immer häufiger flüchtete er sich in den Alkohol. Kaum weniger belastete August seine 1817 geschlossene Ehe mit Ottilie von Pogwisch, der Tochter eines preußischen Majors und einer Weimarer Hofdame. Ottilie, launenhaft und exaltiert, mit einem ausgeprägten Hang zu anderen Männern, hatte wenig mit einer geordneten Haushaltsführung im Sinn;

96 Goethe seinem Schreiber John diktierend. Gemälde von Joseph Schmeller, 1831

97 August von Goethe (1789–1830). Kreidezeichnung von Joseph Schmeller, um 1823

›Chaos‹ war der bezeichnende Titel der kleinen Zeitschrift, die sie für den Freundeskreis herausgab. Im ehelichen Streit konnte der alte Goethe, der für das kapriziöse »Persönchen« Ottilie durchaus väterliche Sympathien hatte, kaum vermitteln. Wenn ihm das Gezänk in den Räumen des Dachgeschosses zu laut wurde, zog er sich in die karge Arbeitsstube im hinteren Haus zurück.

Zwar klagte er häufig über die Einsamkeit, die ihn in seiner abgeschiedenen »Dachshöhle« umfing, doch deutet die lange Liste der Besucher am Frauenplan in diesen letzten Jahren keineswegs auf ein zurückgezogenes Leben in Klausur hin. Goethe liebte Geselligkeit und führte bisweilen ein »großes Haus«. Fast täglich empfing er Gäste: Musiker wie den jungen Felix Mendelssohn-Bartholdy, Naturforscher, Künstler, Politiker und Bewunderer aus aller Welt, die für lebendigen Austausch sorgten, dem Greis freilich zu Zeiten auch lästig wurden: »Es gehört wirklich viel Gutmütigkeit dazu, nach so vielen Jahren noch Fremde zu sehen, nachdem man sich immer gewärtigen muß, beobachtet, bespioniert, ausgeforscht und zuletzt doch mißverstanden zu werden.« Viele junge Dichter, von Goethe oft väterlich umworben, zog es nach Weimar, darunter Franz Grillparzer, der den Olympier zunächst gravitätisch-steif, am folgenden Tag jedoch »heiter und gesprächig« fand, und (am 2. Oktober 1824) den sechsundzwanzigjährigen Heinrich Heine. Für ihn war es eine merkwürdige und enttäuschende Begegnung, die er erst später in der ›Romantischen Schule‹ (1835) nicht ohne Ironie ins Weihevoll-Erhabene stilisierte.

Zu dem engeren Kreis von Mitarbeitern und Altersfreunden, die Goethe regelmäßig empfing, gehörten neben Heinrich Meyer, dem »wandelnden Lexikon« in Kunstfragen, und Carl Ludwig von Knebel, dem »Urfreund« seit ersten Weimarer Tagen, auch der Altphilologe und eifrige Mitarbeiter an Goethes Editionsvorhaben Friedrich Wilhelm Riemer, der Weimarische Prin-

---

Ich war nahe dran ihn griechisch anzureden; da ich aber merkte, daß er deutsch verstand, so erzählte ich ihm auf deutsch: daß die Pflaumen auf dem Wege zwischen Jena und Weimar sehr gut schmeckten. Ich hatte in so manchen langen Winternächten darüber nachgedacht, wie viel Erhabenes und Tiefsinniges ich dem Goethe sagen würde, wenn ich ihn mal sähe. Und als ich ihn endlich sah, sagte ich ihm, daß die sächsischen Pflaumen sehr gut schmeckten. Und Goethe lächelte.

Aus Heinrich Heine, ›Die romantische Schule‹

zenerzieher und Naturforscher Frédéric Soret sowie der Berliner Komponist Carl Friedrich Zelter, mit dem der Dichter über 30 Jahre eine rege Korrespondenz unterhielt. Zelter war der einzige unter den Altersfreunden, dem Goethe – nach dem Selbstmord von dessen Sohn – das »Du« anbot und mit dem er, was sonst selten vorkam, sehr offen über Intim-Vertrauliches sprach.

98 Carl Friedrich Zelter (1758–1832). Gemälde von Karl Begas, 1827

Regelmäßiger Gast in seinem Haus war auch der 30 Jahre jüngere Kanzler Friedrich von Müller, seit 1801 erfolgreicher Jurist und Diplomat im Weimarischen Staatsdienst. Schon 1808 hatte er begonnen, seine über zwei Jahrzehnte fortgeführten ›Unterhaltungen mit Goethe‹ aufzuzeichnen. Sie erschienen postum 1870 und geben – anders als die häufig allzu idealisierenden ›Gespräche‹ Eckermanns – eine ungeschönt-nüchterne Darstellung vom Alltag des alten Goethe, die auch die widersprüchlichen, bisweilen schrullenhaften Züge seiner Persönlichkeit nicht ausspart.

Johann Peter Eckermann schließlich gehörte seit 1823 zum engsten Zirkel der Goethe-Vertrauten und -Mitarbeiter. 1792 in Winsen an der Luhe geboren und aus ärmsten Verhältnissen stammend, hatte er sich aus eigenem zähen Antrieb autodidaktisch fortgebildet, neunundzwanzigjährig dann das Studium der Literatur und Philosophie in Göttingen aufgenommen. Goethe war schon früh zu seinem Fixstern geworden. Als er im Früh-

99 Johann Peter Eckermann (1792–1854). Kreidezeichnung von Joseph Schmeller, 1828

jahr 1823 nach Weimar kam, um sein Idol, dem er bereits die huldvollen ›Beyträge zur Poesie mit besonderer Hinweisung auf Goethe‹ gewidmet hatte, persönlich zu treffen, war der Zeitpunkt günstig: Für die Arbeit an der ›Ausgabe letzter Hand‹ benötigte Goethe dringend kompetente Zuarbeiter; der junge Verehrer schien bestens geeignet. Eckermann sichtete, ordnete, redigierte Manuskripte und stellte nach und nach, nicht ohne schmerzliche persönliche Entbehrungen, seine ganze Existenz in den Dienst des grenzenlos bewunderten Dichters. Seine 1836 erschienenen ›Gespräche mit Goethe in den letzten Jahren seines Lebens‹ (ein dritter Teil folgte 1848) basieren auf persönlichen Unterhaltungen, Tagebuchnotizen und Briefen. Sie sind, zumindest im dritten Teil, nicht immer authentisch, an vielen Stellen geglättet und stilisiert. Alles Brüchige, Problematische und Düstere, welches das strahlende Bild des altersweisen Olympiers hätte trüben können, hat Eckermann geschickt eliminiert. Doch auch trotz solcher Überzeichnungen vermitteln die ›Gespräche‹ ein eindrucksvolles Bild der Lebens- und Gedankenwelt des späten Goethe.

Nicht zuletzt zeugen sie davon, wie sehr der Dichter bis ins hohe Alter an zeitgenössischen Entwicklungen, zumal auf den Gebieten der Naturwissenschaft und Literatur, Anteil nahm. Weit mehr als die deutsche Dichtung interessierten Goethe allerdings die Werke der europäischen Gegenwartsliteratur. Während er die bedeutenden Autoren im Umkreis der deutschen Spätromantik kaum zur Kenntnis nahm, las er mit Begeisterung Byron, Walter Scott, Thomas Carlyle, Alessandro Manzoni und Victor Hugo. Über aktuelle literarische Debatten informierte er sich durch die tägliche Lektüre ausländischer

100 Goethes Bibliothek in seinem Haus am Frauenplan

Zeitschriften, etwa des französischen ›Globe‹ und des englischen ›Review‹. Dabei beschränkte sich Goethe nicht auf England, Frankreich und Italien. In den Bänden ›Über Kunst und Alterthum‹ erschienen unter anderem Übersetzungen aus dem Serbischen, Böhmischen, Slowakischen und Neugriechischen. Auch die Literaturen des Ostens – nach der persischen nun vor allem die indische und chinesische – kamen ihm wieder in den Blick und regten eigene Dichtungen an. Während eines vierwöchigen Aufenthalts im Gartenhaus an der Ilm entstand im Frühjahr 1827 der Zyklus ›Chinesisch-deutsche Jahres- und Tageszeiten‹: zarte, wie hingetuscht wirkende Naturgedichte im chinesischen Stil, durchdrungen von jenem weltüberschauenden »Geist«, den Goethe an der orientalischen Poesie so schätzte.

Hinter diesem intensiven Bemühen um das Verständnis fremder Kulturen stand seine – bereits in frühen Jahren durch Herder geförderte – Überzeugung, daß »die Poesie ein Gemeingut der Menschheit ist«. Immer häufiger tauchte in Goethes Äußerungen nun der Begriff der »Weltliteratur« auf. Anders als im heutigen Sprachgebrauch üblich, verstand er darunter nicht einen Kanon der über die einzelnen Nationalliteraturen herausragenden, mustergültigen Werke, sondern einen dynamischen Prozeß der interkulturellen Verständigung. Die fruchtbare Wechselwirkung zwischen den Nationalliteraturen hatte für Goethe über den Aspekt der gegenseitigen kulturellen Bereicherung hinaus auch politische Bedeutung: »Gesellschaftlich zu wirken« sei letztlich das Ziel eines solchen Austauschs, und zwar im Zeichen einer weltumspannenden Humanität und Toleranz. Das Konzept der Weltliteratur erschien ihm zugleich als notwendige Konsequenz der immer größeren Ausdehnung des internationalen Verkehrs und Handels, die auch – zumal durch das expandierende Zeitschriftenwesen – neue und schnellere Wege der Kommunikation eröffnete.

In seinen beiden großen Alterswerken ›Wilhelm Meisters Wan-

Denn daraus nur kann endlich die allgemeine Weltliteratur entspringen, daß die Nationen die Verhältnisse aller gegen alle kennen lernen, und so wird es nicht fehlen, daß jede in der andern etwas Annehmliches und etwas Widerwärtiges, etwas Nachahmenswertes und etwas zu Meidendes antreffen wird.

Aus Goethes Entwurf der Einleitung zu Thomas Carlyles ›Leben Schillers‹ (1830)

derjahre‹ und ›Faust II‹ hat Goethe diese sozialökonomisch bedeutsamen Entwicklungen und deren Auswirkungen reflektiert. Schon in den neunziger Jahren hatte er über eine Fortsetzung des ›Meister‹-Romans nachgedacht, auch Schiller hatte ihn darauf hingewiesen: »Lehrjahre sind ein Verhältnisbegriff, sie fordern ihr Correlatum, die Meisterschaft …« Ab 1807 begann Goethe mit der Ausarbeitung der ›Wanderjahre‹, schrieb vor allem an den novellistischen Erzählungen, die später in die Rahmenhandlung eingefügt werden sollten. Größere Schwierigkeiten mit der Gesamtkonzeption ließen die Arbeit dann jedoch fast ein Jahrzehnt lang stocken. Erst 1819 nahm er das Projekt wieder auf und vollendete den »ersten Teil«, der 1821 erschien, beim Publikum jedoch auf Irritation und Ablehnung stieß. Für zusätzliche Konfusion sorgte der zu gleicher Zeit anonym publizierte falsche ›Wilhelm Meister‹ des protestantischen Pfarrers Johann Friedrich Pustkuchen: eine harsche Attacke der konservativen Goethe-Kritik, die dem Dichter Zersetzung von Religion, Sitte und Ordnung vorwarf und zu Goethes Verdruß weitaus mehr Erfolg hatte als das Original. Nach einer erneuten längeren Pause arbeitete er seinen Roman bis 1829 vollständig um und erweiterte ihn um wesentliche Teile. Unter dem Titel ›Wilhelm Meisters Wanderjahre oder Die Entsagenden‹ veröffentlichte er das Werk noch im selben Jahr in den Bänden 21 bis 23 seiner ›Ausgabe letzter Hand‹.

Schon in ihrer formalen Struktur unterscheidet sich die Fortsetzung grundlegend vom ersten ›Meister‹-Roman. Goethe, der die Gattungsbezeichnung »Roman« im Zusammenhang der ›Wanderjahre‹ bewußt vermied, sprach gegenüber Kanzler Müller (18. Februar 1830) von einem »Aggregat«, dessen »Ganzes« sich folglich nicht »systematisch konstruieren und analysieren« lasse. In der Tat widersetzt sich das Werk der traditionellen Vorstellung eines geschlossenen Erzählzusammenhangs. Der Erzähler gibt sich als »Redakteur« vorgefundener »Papiere«, die er dem Leser in lo-

Goethe und Pustkuchen (1823)

Pusten, grobes deutsches Wort!
Niemand, wohl erzogen,
Wird am reinanständigen Ort
Solchem Wort gewogen.

Pusterich, ein Götzenbild,
Gräßlich anzuschauen,
Pustet über klar Gefild
Wust, Gestank und Grauen.

Will der Pusterich nun gar
Pfaffenkuchen Pusten,
Teufelsküchenjungenschar
Wird den Teig *behusten*.

ser Folge vorlegt. Die einheitsstiftende Instanz wird damit zugunsten einer Vielzahl von Perspektiven aufgegeben, entsprechend verzichtet der »Roman« auf eine linear fortschreitende Handlungsführung. Die einzelnen Erzählelemente, bestehend aus den unterschiedlichsten Textformen wie Briefen, Tagebuchaufzeichnungen, Aphorismen, Gedichten, Novellen und nichtfiktionalen Sachtexten, erzeugen eine statische, simultane Struktur und verhalten sich – Goethes Prinzip der »wiederholten Spiegelungen» gemäß – zyklisch zueinander. Verknüpft werden sie durch das Thema der Rahmenhandlung, die Wanderschaft Wilhelm Meisters. Im Unterschied zum »Bildungsroman« der ›Lehrjahre‹ steht nun jedoch nicht mehr die Ausbildung des einzelnen im Vordergrund – die Hauptfigur verschwindet gar über weite Strecken ganz aus dem Geschehen. Vielmehr wird Meisters Wanderschaft zum Anlaß, eine Vielzahl sozialer »Bezirke« vorzuführen: unterschiedliche gesellschaftliche Lebensformen und Kulturstufen, die symbolisch gegeneinander gestellt werden und sich wechselseitig spiegeln. Dazu gehören etwa das Kloster »Sankt Josephs des Zweiten«, das Landgut des aufgeklärten Oheims, der geheimnisvolle kosmische Bezirk der »Seherin« Makarie, die nach dem Vorbild der Platonischen ›Politeia‹ sich konstituierende »Pädagogische Provinz«, die archaische, vom »Maschinenwesen« der beginnenden Industrialisierung bedrohte Welt der Spinner und Weber und schließlich die beiden Kolonisationsbünde, die neue Siedlungen in Europa und Amerika planen. Zusammen ergeben die dargestellten Daseinskreise ein komplexes Panorama der sozialen Welt des beginnenden 19. Jahrhunderts. Aktuelle gesellschaftliche Entwicklungen (Technisierung, Überbevölkerung, Kolonisation, Beschleunigung von Handel und Verkehr) werden umkreist, immer im Hinblick auf die zentrale Frage, wie der einzelne zum tätigen Glied der Gemeinschaft werden kann und wie eine solche humane Gemeinschaft

---

Wer sich dem Notwendigsten widmet, geht überall am sichersten zum Ziel ... Doch was der Mensch auch ergreife und handhabe, der einzelne ist nicht hinreichend, Gesellschaft bleibt eines wackern Mannes höchstes Bedürfnis. Alle brauchbaren Menschen sollen in Bezug untereinander stehen, wie sich der Bauherr nach dem Architekten und dieser nach Maurer und Zimmermann umsieht.

Aus ›Wilhelm Meisters Wanderjahre‹

unter den gewandelten Bedingungen eines neuen Zeitalters aussehen könnte. Der Roman gibt darauf keine verbindlichen Antworten. Er führt unterschiedliche Modelle vor, die es – nach Goethes eigenen Worten – erlauben, »daß jeder sich zueigne, was ihm gemäß ist.« Verbunden werden die disparaten Bezirke durch das Leitmotiv der »Entsagung«: nicht verstanden als Lebensform einer weltabgewandten Askese, sondern als selbstbewußte Anerkennung der eigenen Bedingtheit und Begrenztheit. Nur wer auf den Anspruch einer allseitigen Ausbildung verzichtet und sich auf eine einzige, ihm angemessene Tätigkeit beschränkt, so deutet es der Roman an, kann dem organischen Ganzen der Gemeinschaft sinnvoll dienen: »… es ist jetzo die Zeit der Einseitigkeiten; … Mache ein Organ aus dir und erwarte, was für eine Stelle dir die Menschheit im allgemeinen Leben wohlmeinend zugestehen werde«, lautet schon eingangs der Rat an Wilhelm Meister. Mit seiner Ausbildung zum Wundarzt erfüllt er schließlich diese Forderung und erkennt ihren tieferen Sinn, als er am Ende dem Sohn dank seiner ärztlichen Kunst das Leben retten kann.

Wegen ihrer geradezu diffusen Vielgestaltigkeit und ihrer experimentellen, streckenweise unübersichtlichen Erzählführung stießen die ›Wanderjahre‹ bei Goethes Zeitgenossen und auch bei späteren Lesern auf Unverständnis und scharfe Kritik. Noch Thomas Mann sprach von »Greisenavantgardismus« und hielt den Roman für ein »hochmüdes, würdevoll sklerotisches Sammelsurium«. Erst die neuere Forschung, allen voran Hermann Broch, erkannte in der komplexen epischen Komposition der ›Wanderjahre‹ wichtige Strukturmerkmale des modernen Romans.

Gewissermaßen ein Gegenmodell zum Entsagungs-Ethos der ›Wanderjahre‹ entwarf Goethe in seinem letzten großen Werk, dem zweiten Teil des ›Faust‹. Anders als Meister, der entsagend

---

Es ist jene Totalität des Daseins, die ihn [Goethe] zu ganz neuen Ausdrucksformen drängte, und die in den ›Wanderjahren‹ den Grundstein der neuen Dichtung, des neuen Romans, legte, aber es ist auch die ihr adäquate Totalität der Form, d.h. die völlige Beherrschung sämtlicher ästhetischer Ausdrucksmittel, untergeordnet der Universalität des Inhalts, wie sie im ›Faust‹ alle Formen des Theatralischen sprengte.

Hermann Broch, ›James Joyce und die Gegenwart‹, 1936

seine Grenzen anerkennt, drängt es Faust immer wieder, seine schmerzvoll erfahrene Beschränkung zu transzendieren. Er kann sich nicht damit bescheiden, nur ein Teil des Ganzen zu sein; sein »eigen Selbst« will er zum Selbst der »ganzen Menschheit« erweitern. Und auch im zweiten Teil treibt ihn einzig der bereits im Eingangsmonolog beschworene Wunsch, »Zum höchsten Dasein immerfort zu streben« (V. 4685). So gestaltete Goethe die beiden Titelfiguren seiner Hauptwerke als exemplarische Verkörperungen zweier diametral entgegengesetzter Lebensentwürfe. Die kontinuierliche Arbeit an der Fortsetzung des ›Faust‹-Dramas nahm er, nachdem bereits 1816 ein erstes Schema entstanden war, erst 1825 auf Drängen Eckermanns wieder auf; am 22. Juli 1831 konnte er in seinem Tagebuch verzeichnen: »Das Hauptgeschäft zustande gebracht.«

War schon in den ›Wanderjahren‹ die Hauptfigur gegenüber der epischen Fülle der dargestellten Lebenskreise in den Hintergrund getreten, so gerät auch im zweiten Teil des ›Faust‹ der Held als individuelle, handlungstreibende Kraft mehr und mehr aus dem Blick. »Der erste Teil ist fast ganz subjektiv; es ist alles aus einem befangeneren, leidenschaftlicheren Individuum hervorgegangen ... Im zweiten Teile aber ist fast gar nichts Subjektives, es erscheint hier eine höhere, breitere, hellere, leidenschaftslosere Welt ...«, so Goethe gegenüber Eckermann am 17. Februar 1831. In der Tat weiten sich Zeit- und Handlungsraum des Dramas nun zum großen allegorischen Welttheater: zu einem »Gesamtkunstwerk« universalen

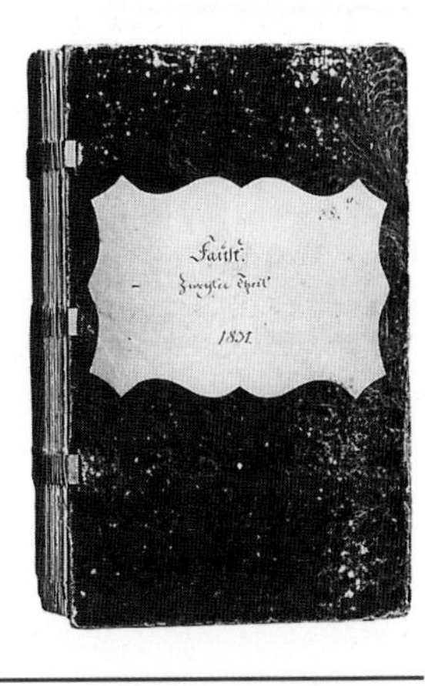

101 ›Faust. Zweyter Theil‹. Das handschriftliche Exemplar, das Goethe im August 1831 versiegelte und im Januar 1832 noch einmal öffnete, um im privaten Kreis daraus vorzulesen.

Stils, das sich angesichts des überbordenden Reichtums seiner Formen und Themen jeder eindeutigen Klassifikation entzieht.

Nach dem grausamen Verschulden an Gretchen erwacht Faust geläutert und gestärkt aus einem Heilschlaf des Vergessens. In der Erscheinung des Regenbogens erkennt er für einen Augenblick die Bedingtheit alles Irdischen: Das Absolute zu schauen, ist ihm, dem begrenzten Menschen, nicht möglich; vom blendenden Licht der Sonne wendet er sich ab und begreift: »Am farbigen Abglanz haben wir das Leben.« (V. 4727). Die besonnene Einsicht des Eingangsmonologs ist freilich schnell vergessen, denn schon stürzt sich Faust, immer noch maßlos und begehrend, in den großen »Weltenkreis«, den er sich rastlos handelnd und herrschend anzueignen sucht – um doch nur immer wieder zu scheitern. Nicht weniger als 3000 Jahre der abendländischen Geistes- und Kulturgeschichte umfaßt der Zeitraum, den Faust an der Seite Mephistos in immer neuen Metamorphosen durcheilt. In revueartiger Folge reihen sich die Bezirke der »großen Welt« aneinander; auch sie sind »farbiger Abglanz«, allegorische Spiegelungen des Lebens, Summe der Goetheschen Welterfahrung und zugleich großartiger Versuch, das gesamte Wissen der Neuzeit auf ästhetisch-anschauliche Formeln zu bringen. Grundfragen der Politik und Ökonomie, der Naturwissenschaft, der Philosophie und Kunst werden im Spiel sinnbildhafter Vorgänge reflektiert. Nach den Szenen des 1. Akts am Hof des Kaisers, dessen zerrüttetes Staatswesen deutliche Züge des Ancien régime trägt, und der Retortenzeugung des »Homunculus« im Laboratorium Wagners – Metapher einer hybriden technisierten Naturwissenschaft –, beschwört die üppige Bilderfolge der »Klassischen Walpurgisnacht« im 2. Akt die Gestaltenwelt des griechischen Mythos herauf und bereitet das Erscheinen Helenas vor. Mit ihrer Gestalt, dem Urbild der Schönheit, beginnt im 3. Akt das Drama des Künstlers und Ästheten. In der Begegnung Fausts mit Helena vollzieht

102 Eine Hexenszene von der Hand Goethes zu seinem ›Faust II‹

sich die Synthese von romantisch-modernem Bewußtsein und antiker Welt, klangsymbolisch überhöht durch die lyrische Wechselrede der beiden Liebenden, in der Helena, der reimlosen antiken Dichtung entstammend, sich reimend der Rede des Geliebten anschmiegt. Aus der personifizierten Verbindung von Klassik und Romantik entsteht, als Verkörperung der modernen Poesie, Fausts und Helenas Sohn Euphorion. Als dieser im genialischen Höhenflug zu Tode stürzt, verschwindet auch Helena und mit ihr die arkadische Scheinwelt eines zeitenthobenen Glücks.

Das problematische Verhältnis von Schein und Wirklichkeit offenbart sich schließlich vollends in der tiefen Ironie des Schlußakts. Er zeigt Faust als hybriden Herrscher eines großangelegten Kolonisationsprojekts. Sein Tätigkeitswillen ist ungebrochen, unermüdlich treibt er, inzwischen von der »Sorge« geblendet, die Arbeiter an und entwirft seine große Utopie vom »freien Volk auf freiem Grunde«: die paradoxe Freiheitsvision eines tyrannischen Gewaltherrschers. Das klirrende Geräusch der Spaten deutet der von Blindheit geschlagene Faust als hoffnungsvolles Zeichen der fortschreitenden Landgewinnung; in Wirklichkeit, darin liegt die düstere Ironie der Szene, sind es die Lemuren, die ihm unter Mephistos Anweisung das eigene Grab schaufeln. Tief in Schuld verstrickt, maßlos und egozentrisch bis zum letzten Augenblick stirbt der Hundertjährige, doch bleibt sein »Unsterbliches« dem Zugriff Mephistos entzogen. Im verklärenden Schlußtableau der »Bergschluchten«-Szene, das Goethe, um das eigentlich Unsagbare faßlich zu machen, in die Bilderwelt eines christlichen Erlösungsmysteriums kleidet, vollzieht sich jenes »Unbeschreibliche«: Fausts seelische Läuterung, sein Aufstieg zu den jenseitigen »höhern Sphären« im Zeichen der rettenden Liebe.

Als »Vermächtnis« bezeichnete Goethe den zweiten Teil des ›Faust‹. Die Reinschrift siegelte er ein und verfügte, daß das Werk erst nach seinem Tod geöffnet werden sollte. Es hatte den

HELENA: So sage denn, wie sprech' ich auch so schön?
FAUST: Das ist gar leicht, es muß von Herzen gehn.
Und wenn die Brust von Sehnsucht überfließt,
Man sieht sich um und fragt –
HELENA: wer mit genießt.
FAUST: Nun schaut der Geist nicht vorwärts, nicht zurück,
Die Gegenwart allein –
HELENA: ist unser Glück. *(V. 9377ff.)*

über Achtzigjährigen geradezu gewaltsame Anstrengungen gekostet, diese letzte große Dichtung zu vollenden. Hinter dem selbstverordneten Zwang zur unermüdlichen Produktivität stand nicht zuletzt tiefe Todesangst. Das Gefühl der Einsamkeit wuchs. Im Sommer 1828 hatte Goethe die Nachricht erschüttert, daß Carl August am 14. Juni auf der Rückreise von einem Kuraufenthalt im böhmischen Teplitz plötzlich tot zusammengebrochen war. Vor den Begräbnisfeierlichkeiten floh er nach Dornburg und betäubte den »schmerzlichsten Zustand« mit intensiven Naturstudien; noch einmal entstand ein kleiner Zyklus von Gedichten, darunter einige der schönsten Verse seiner Alterslyrik (›Dem aufgehenden Vollmonde‹, ›Früh wenn Tal, Gebirg und Garten‹) – eine Feier der lebendigen Natur in sinnlich-farbigen Bildern vor dem dunklen Hintergrund der Todesahnung.

Zwei Jahre später, am 27. Oktober 1830, starb sein Sohn August vierzigjährig in Rom. Der lakonisch-beiläufige Tagebucheintrag täuscht darüber hinweg, wie stark Goethe der Verlust im Innersten angriff. Er ließ seine Trauer niemals öffentlich werden, reagierte mit Schweigen und zwang sich gewaltsam in die Tagespflicht. Rastlose »Tätigkeit«, oft bis an die Grenze seiner körperlichen Kräfte, blieb bis zuletzt das Palliativum, mit dem er

103 Goethes Sterbezimmer. Pastell von Ludwig Michalek

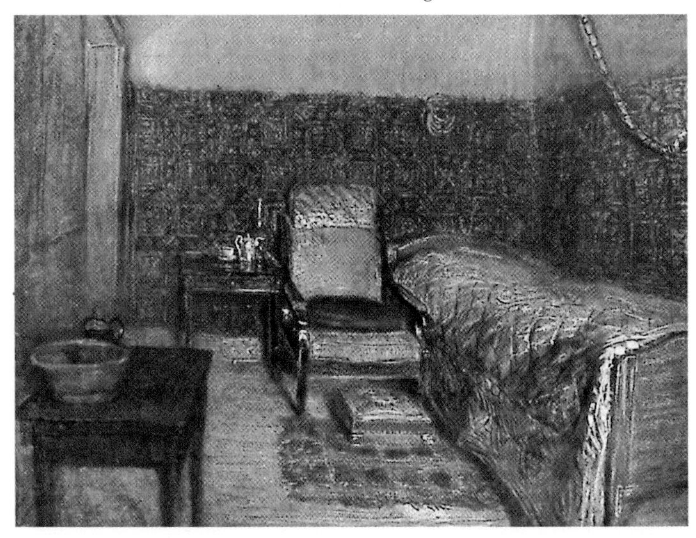

auch die düsteren Gedanken an das eigene Ende zu vertreiben suchte. Kühn, fast trotzig bemerkte er am 4. Februar 1829 gegenüber Eckermann: »Der Mensch soll an Unsterblichkeit glauben, er hat dazu ein Recht, es ist seiner Natur gemäß ... Die Überzeugung unserer Fortdauer entspringt mir aus dem Begriff der Tätigkeit; denn wenn ich bis an mein Ende rastlos wirke, so ist die Natur verpflichtet, mir eine andere Form des Daseins auszuweisen, wenn die jetzige meinem Geist nicht ferner auszuhalten vermag.« Im ›Faust‹ und auch in seinem berühmten Altersgedicht ›Vermächtnis‹ hat er diese Vorstellung der »Entelechie«, Prinzip einer unendlich fortwirkenden geistigen Kraft, auf poetische Formeln gebracht.

Goethe hatte keinen leichten Tod. Nach einer Spazierfahrt am 14. März 1832 erkrankte er an einer fiebrigen Erkältung, sein Gesundheitszustand verschlechterte sich rapide. Der letzte Tagebucheintrag verzeichnet zwei Tage später: »Den ganzen Tag wegen Unwohlseyns im Bette zugebracht.« Vermutlich erlitt er am 20. März einen Herzinfarkt. Der Hausarzt Carl Vogel notierte in seinem medizinischen Bericht: »Fürchterliche Angst und Unruhe trieben den seit langem nur in gemessenster Haltung sich zu bewegen gewohnten, hochbejahrten Greis mit jagender Hast ins Bett ... Die Gesichtszüge waren verzerrt, das Antlitz aschgrau, die Augen tief in ihre lividen Höhlen gesunken, matt, trübe; der Blick drückte die gräßlichste Todesangst aus.« Dann ließen die Schmerzen nach, Goethe wurde ruhiger, und mit jedem Anzeichen der Besserung wuchs der Wunsch, wieder »tätig« zu werden. Noch am letzten Morgen sprach er in dämmerndem Halbschlaf von geplanten Versuchen zu Farbphänomenen und vom Frühling, der ihm bald Erholung bringen werde. »Nicht die geringste Todes-Ahnung war in ihm«, berichtete Friedrich von Müller. Goethe starb mittags um halb zwölf am 22. März 1832.

Gestern Vormittags halb Zwölf Uhr starb mein geliebter Schwiegervater, der Grofsherzogl. Sächsische wirkliche Geheime-Rath und Staatsminister

JOHANN WOLFGANG VON GOETHE,

nach kurzem Krankseyn, am Stickflufs in Folge eines nervös gewordenen Katharrhalfiebers.

Geisteskräftig und liebevoll bis zum letzten Hauche, schied er von uns im drei und achtzigsten Lebensjahre.

Weimar, 23. März 1832.

OTTILIE, von GOETHE, geb. von Pogwisch, zugleich im Namen meiner drei Kinder, Walther, Wolf und Alma von Goethe.

104 Anzeige zum Tod Johann Wolfgang von Goethes

Zeittafel

1749 Johann Wolfgang Goethe wird am 28. August als Sohn des Kaiserlichen Rats Johann Caspar Goethe und seiner Frau Catharina Elisabeth, geborene Textor, in Frankfurt am Main geboren.

1755 Umbau des Elternhauses am Großen Hirschgraben. Privatunterricht beim Vater, dann bei Hauslehrern.

1759 Besetzung Frankfurts durch die Franzosen während des Siebenjährigen Krieges (1756–1763). Der Stadtkommandant Graf Thoranc bezieht Quartier im Haus der Goethes.

1765 Beginn des Studiums in Leipzig. Vorlesungen bei Böhme und Gellert, Begegnung mit Gottsched. Bekanntschaft mit Behrisch, Oeser und Käthchen Schönkopf. Gedichtsammlung ›Annette‹. ›Die Laune des Verliebten‹.

1768 Schwere Erkrankung und Rückkehr nach Frankfurt. Pansophisch-alchemistische Lektüre im pietistischen Zirkel um Susanna Katharina von Klettenberg. ›Die Mitschuldigen‹. ›Neue Lieder‹.

1770 Fortsetzung des Studiums in Straßburg. Begegnung mit Herder. Sesenheimer Gedichte für Friederike Brion.

1771 Promotion zum »Lizentiaten der Rechte«. Rückkehr nach Frankfurt und Zulassung als Rechtsanwalt. ›Zum Shakespeares Tag‹. ›Götz von Berlichingen‹.

1772 Bekanntschaft mit Merck und dem Darmstädter Kreis der Empfindsamen. Praktikant am Reichskammergericht Wetzlar. Begegnung mit Charlotte Buff.

1773–1775 Zahlreiche dramatische Possen in der Fastnachtspieltradition. ›An Schwager Chronos‹, ›Prometheus‹, ›Ganymed‹. Arbeit am ›Urfaust‹. Begegnungen mit Lenz, Wagner, Klinger und anderen Protagonisten des »Sturm und Drang«.

1774 ›Die Leiden des jungen Werthers‹. ›Clavigo‹.

1775 Verlobung mit Lili Schönemann. Reise in die Schweiz. ›Stella‹. Im Herbst Trennung von Lili. Am 7. November Ankunft in Weimar. Freundschaft mit Herzog Carl August. »Seelenverbindung« zu Charlotte von Stein.

1776 Eintritt in den Weimarischen Staatsdienst als Mitglied des Geheimen Conseils. Übernahme weiterer Ämter in den folgenden Jahren (Berg- und Wegebau, Kriegskommission, Finanzen u. a.). Dramatische Produktionen für das Liebhabertheater.

1779 Uraufführung der Prosafassung von ›Iphigenie auf Tauris‹. Zweite Schweizer Reise.

1782 Tod des Vaters am 25. Mai. Erhebung in den Adelsstand. Einzug in das Haus am Frauenplan.

1784 Entdeckung des menschlichen Zwischenkieferknochens. Mineralogische Studien: ›Über Granit‹. Teilnahme an den Verhandlungen über den Fürstenbund in Braunschweig.

1786 Am 3. September heimliche Abreise nach Italien. Ankunft in Rom am 29. Oktober. Versfassung der ›Iphigenie‹.

1787 Reise nach Neapel und Sizilien. Konzept der »Urpflanze«. Abschluß des ›Egmont‹. Arbeit an ›Tasso‹ und ›Faust‹. Intensive Zeichenstudien im Künstlerkreis um Tischbein.

1788 Römische Liebschaft mit »Faustina«. 18. Juni, Rückkehr nach Weimar. Verbindung mit Christiane Vulpius. ›Römische Elegien‹.

1789 Geburt des Sohnes August am 25. Dezember.

1790 Reise nach Venedig. ›Venezianische Epigramme‹. Schlesienreise ins preußische Feldlager. ›Die Metamorphose der Pflanzen‹. ›Faust. Ein Fragment‹.

1791 Leitung des Weimarer Hoftheaters. ›Der Groß-Cophta‹. ›Beiträge zur Optik‹.

1792 Teilnahme an der Kampagne in Frankreich. Aufenthalte in Düsseldorf und Münster.

1793 Beobachter der Belagerung von Mainz. ›Der Bürgergeneral‹. ›Die Aufgeregten‹. ›Reineke Fuchs‹.

1794 Beginn der Freundschaft mit Schiller. Mitarbeit an der Zeitschrift ›Die Horen‹.

1795 ›Unterhaltungen deutscher Ausgewanderten‹.

1796 Abschluß von ›Wilhelm Meisters Lehrjahre‹. ›Xenien‹.

1797 ›Hermann und Dorothea‹. »Balladenjahr«. Dritte Reise in die Schweiz.

1798 Gründung der Kunstzeitschrift ›Propyläen‹.

1803 ›Die natürliche Tochter‹.

1805 Tod Schillers am 9. Mai. Schwere Nierenkolik. Erholungsreisen nach Bad Lauchstädt und Halle. ›Winckelmann und sein Jahrhundert‹.

1806 Abschluß von ›Faust I‹. Schlacht bei Jena am 14. Oktober. Napoleonische Truppen besetzen Weimar. Trauung mit Christiane Vulpius am 19. Oktober.

1807 Bekanntschaft mit Minchen Herzlieb in Jena. ›Sonette‹. ›Pandora‹.

1808 Tod der Mutter am 13. September. Begegnung mit Napoleon auf dem Fürstenkongreß in Erfurt.

1809 ›Die Wahlverwandtschaften‹. Autobiographische Entwürfe.

1810 Abschluß der ›Farbenlehre‹.

1811 Veröffentlichung des ersten Teils von ›Dichtung und Wahrheit‹. Begegnung mit Sulpiz Boisserée. Beschäftigung mit Dichtungen des Mittelalters. ›Die romantische Poesie‹.

1814/1815 Reisen in die Rhein-Main-Gegenden. Hafis-Lektüre. Begegnung mit Marianne von Willemer in Frankfurt. ›Divan‹-Gedichte. Besuch der Boisseréeschen Gemäldesammlung in Heidelberg. ›Des Epimenides Erwachen‹.

1816 Tod Christianes am 6. Juni. Beginn der Zeitschrift ›Über Kunst und Altertum‹ (bis 1832).

1817 Gründung der Schriftenreihen ›Zur Naturwissenschaft überhaupt‹, ›Zur Morphologie‹ (bis 1824).

1819 Abschluß und Erscheinen des ›West-östlichen Divan‹.

1821 Erste Fassung der ›Wanderjahre‹.

1823 Eckermann übersiedelt nach Weimar. Letzter Aufenthalt in Marienbad. Leidenschaftliche Neigung zu Ulrike von Levetzow. ›Marienbader Elegie‹.

1827 Gedichtzyklus ›Chinesisch-deutsche Jahres- und Tageszeiten‹.

1828 Tod des Großherzogs Carl August am 14. Juni. Aufenthalt in Dornburg.

1829 Erscheinen der zweiten Fassung von ›Wilhelm Meisters Wanderjahre‹.

1830 Tod des Sohnes August am 26. Oktober in Rom. Schwere Erkrankung.

1831 Vollständiges Erscheinen der vierzigbändigen ›Gesamtausgabe letzter Hand‹. Abschluß von ›Faust II‹.

1832 Tod am 22. März in Weimar.

Bibliographie

Gesamtausgaben in Auswahl

Goethes Werke. Hg. im Auftrag der Großherzogin Sophie von Sachsen [Weimarer Ausgabe]. Abteilungen I–IV. 133 Bde. in 143. Weimar 1887– 1919. Repr. München 1987. *Die umfassendste Goethe-Ausgabe und trotz editorischer Mängel das wichtigste Grundwerk der Goethe-Forschung.*

Goethe. Werke. Hamburger Ausgabe in 14 Bdn. Hg. v. Erich Trunz. Hamburg 1948–1960. Neuaufl. München 1966–1974 [u. ö.]. *Die gängigste Studienausgabe: eine sorgfältige Auswahl aller bedeutenden Werke und Schriften mit ausführlichem Anhang und Kommentar. Seit 1982 als wohlfeile Taschenbuchausgabe im Deutschen Taschenbuch Verlag erhältlich.*

Goethe. Sämtliche Werke, Briefe, Tagebücher und Gespräche in 40 Bänden (Abt. I u. II). Hg. v. Hendrik Birus, Dieter Borchmeyer u. a. [Frankfurter Ausgabe] Frankf./M. 1985ff. *Neben der »Münchner Ausgabe« (s. u.) die aktuellste Gesamtausgabe. Die philologisch aufwendige Textedition wird ergänzt durch ausführliche Werkinterpretationen und Stellenkommentare.*

Goethe. Sämtliche Werke nach den Epochen seines Schaffens. 21 Bde. in 26. Hg. v. Karl Richter u. a. [Münchner Ausgabe]. München 1985–1998. *Die streng chronologische Anordnung der Werke und Schriften, jeweils begleitet von werkbiographischen Einführungen und sorgfältigem Kommentar, bietet erstmals einen Eindruck von der simultanen Vielfalt des Goetheschen Schaffens.*

Einzelausgaben

Angesichts der unüberschaubaren Fülle von Einzelausgaben sei hier nur auf die günstigen Taschenbuchausgaben aller wichtigen Werke bei dtv Reclam und Insel und verwiesen.

Briefe, Gespräche, Zeugnisse

Weimarer Ausgabe [s.o.], Abt. IV, Briefe, 50 Bde. Erg. um 3 Nachtrags-Bde.: Hg. v. Paul Raabe. München [dtv] 1990

Briefe von und an Goethe. Hamburger Ausgabe. Hg. v. Karl Robert Mandelkow und Bodo Morawe. 6 Bde. München [dtv] 1988

Goethe. Begegnungen und Gespräche. Hg. v. Ernst u. Renate Grumach. 5 Bde. Berlin 1965–1985

Goethes Gespräche. Eine Sammlung zeitgenössischer Berichte aus seinem Umgang. Aufgrund der Ausgabe und des Nachlasses von Flodoard Freiherrn von Biedermann erg. u. hg. v. Wolfgang Herwig. 5 Bde. in 6. Zürich 1965–1987. Tb. München [dtv] 1998. *Der »Biedermann« ist mit über 7000 Zeugnissen immer noch die umfangreichste und gebräuchlichste Sammlung zeitgenössischer Berichte über Goethe.*

Kanzler von Müller: Unterhaltungen mit Goethe. Kritische Ausgabe. Hg. v. Ernst Grumach. Mit Anmerkungen von Renate Fischer-Lamberg. Weimar 1959 [leider vergriffen]. *Greifbar sind Müllers Aufzeichnungen in den Bänden der II. Abt. der »Frankfurter Ausgabe«.*

Johann Peter Eckermann: Gespräche mit Goethe in den letzten Jahren seines Lebens. 1823–1832. Mit umfangreichem Kommentar in Bd. 12 (39) der »Frankfurter Ausgabe« [s. o.], hg. v. Gertrud Herwig (1989) sowie in Bd. 19 der »Münchner Ausgabe« [s. o.], hg. v. Heinz Schlaffer (1986)

Karl August Böttiger: Literarische Zustände und Zeitgenossen. Begegnungen und Gespräche im Klassischen Weimar. Hg. von Klaus Gerlach und René Sternke. Berlin 1998. *Kommentiertes und erstmals vollständig ediertes Nachlaßwerk des Weimarer Gymnasialdirektors Böttiger (1760–1835) mit einer Fülle vergnüglich-respektloser Klatschgeschichten aus dem Leben der Weimarer Klassiker.*

Goethes Aufstieg ins Elysium. Nachrufe auf einen deutschen Klassiker. Dokumente 1832–1835. Ausgew., hg. und mit einem Nachw. versehen von Ralf Georg Bogner. Heidelberg 1998. *Sorgfältige Auswahl der wichtigsten (lobenden wie kritischen) Nachrufe auf Goethe.*

Nachschlagewerke

Biedrzynski, Effi: Goethes Weimar. Das Lexikon der Personen und Schauplätze. Zürich 1992 [u. ö.]. *Kein trockenes Lexikon, sondern eine lebendige, akribisch recherchierte Gesamtdarstellung des klassischen Weimar.*

Dobel, Richard (Hg.): Lexikon der Goethe-Zitate. Zürich 1968; Tb. München [dtv] 1995. *Leicht zu handhabendes Nachschlagewerk mit über 15 000 Zitaten aus Goethes Werken, Briefen und Gesprächen.*

Lösch, Michael: Who's who bei Goethe. München [dtv] 1998. *Lexikon zu den Figuren in Goethes Dichtung.*

Steiger, Robert/Reiman, Angelika (Hg.): Goethes Leben von Tag zu Tag. Eine dokumentarische Chronik. 8 Bde. Zürich/Düsseldorf 1982–1996. *Chronologische Zusammenstellung aller Dokumente zu Goethes Lebenslauf.*

Wilpert, Gero von: Goethe-Lexikon. Stuttgart 1998. *Sachkundige Informationen über alle* *wichtigen Personen, Orte, Werke und relevanten Sachbegriffe in 4000 Artikeln.*

Witte, Bernd/Buck, Theo u. a. (Hg.): Goethe-Handbuch. 4 Bde. in 5. Stuttgart 1996ff. *Umfassendes Nachschlagewerk zu Goethes Dichtung und Leben auf dem aktuellen Stand der Forschung.*

Biograpien, Gesamtdarstellungen, grundlegende Monographien

Boerner, Peter: Johann Wolfgang von Goethe in Selbstzeugnissen und Bilddokumenten. Reinbek b. Hamburg [30]1996. *Knappe und leicht lesbare Einführung in Leben und Werk.*

Borchmeyer, Dieter: Weimarer Klassik. Portrait einer Epoche. Weinheim [2]1998. *Umfassende Epochendarstellung mit eingehenden Analysen zum Werk Goethes und Schillers.*

Borchmeyer, Dieter: Höfische Gesellschaft und Französische Revolution bei Goethe. [...]. Kronberg/Ts. 1977. *Literatursoziologische Untersuchung zu Goethes Werk vor dem Hintergrund des Epochenwandels vom Ancien régime zum Revolutionszeitalter.*

Boyle, Nicholas: Goethe. Der Dichter in seiner Zeit. Bd. 1: 1749–1790. München 1995. *Opulente, auf zwei Bände angelegte Biographie, die sich vor allem durch die detailreiche Schilderung des kultur- und sozialgeschichtlichen Kontextes auszeichnet.*

Conrady, Karl Otto: Goethe. Leben und Werk. 2 Bde. Königstein/Ts. 1981, 1985 [u.ö.]. *Solide und breit angelegte Darstellung von Goethes Leben mit ausführlichen Exkursen zum Werk.*

Eissler, Kurt Robert: Goethe. Eine psychoanalytische Studie 1775–1786. 2 Bde. Basel/Frankf./M. 1983– 1985. Tb. München [dtv] 1987. *Umstrittene, gleichwohl interessante Goethe-Deutung aus psychoanalytischer Sicht.*

Friedenthal, Richard: Goethe. Sein Leben und seine Zeit. München 1963. Tb. München 1986 [u. ö.]. *Üppiges Lebens- und Epochenpanorama, das auch heute noch durch den unbefangenen Ton besticht.*

Hölscher-Lohmeyer, Dorothea: Johann Wolfgang Goethe. München 1991. *Sachkundige und konzise Einführung in Leben und Werk.*

Jeßing, Benedikt: Johann Wolfgang Goethe. Stuttgart/Weimar 1995. *Bündige Gesamtdarstellung des Werks, die eingehend die Forschung referiert.*

Lange, Victor: Goethe. Stuttgart 1992. *Souveräne Kurzbiographie, die auf 70 Seiten alles Wesentliche vermittelt.*

Lukács, Georg: Goethe und seine Zeit. Bern 1947. *Fundierte sozialgeschichtliche Deutung auf marxistischer Grundlage.*

Matussek, Peter: Goethe zur Einführung. Hamburg 1998. *Kompakte werkbiographische Darstellung, die Goethes Konzept der »Polarität« verfolgt und eingehende Analysen zum ›Faust‹ bietet.*

Staiger, Emil: Goethe. 3 Bde. Zürich 1952–1959. [u. ö.]. *Grundlegende Gesamtdarstellung von Goethes Werk und seiner inneren Biographie.*

Zimmermann, Rolf Christian: Das Weltbild des jungen Goethe. Studien zur hermetischen Tradition des deutschen 18. Jahrhunderts. 2 Bde. München 1969, 1979. *Umfassende Untersuchung zu den Einflüssen der hermetischen Tradition auf Goethes Frühwerk.*

Forschungsliteratur in Auswahl

Bibliographien

Goethe-Bibliographie. Literatur zum dichterischen Werk. Zusammengest. v. Helmut G. Hermann. Stuttgart 1991

Goethe-Bibliographie 1970ff. Bearb. v. Hans Henning. Jährl. in.: Goethe Jahrbuch 89ff. (1972ff.)

Aufsatzsammlungen

Barner, Wilfried u. a. (Hg.): Unser Commercium. Goethes und Schillers Literaturpolitik. Stuttgart 1984

Beutler, Ernst: Essays um Goethe. 2 Bde. Leipzig 1941–1947. Tb. (in 1 Bd.). Frankf./M. 1995

Graham, Ilse: Goethe. Schauen und Glauben. Berlin 1988

Henkel, Arthur: Goethe-Erfahrungen. Studien und Vorträge. Stuttgart 1982

Lange, Victor: Goethe-Studien. Bilder, Ideen, Begriffe. Würzburg 1991

Mayer Hans (Hg.): Goethe im 20. Jahrhundert. Spiegelungen und Deutungen. Frankf./M. 1987. Tb. Frankf./M. 1990

Schöne, Albrecht: Götterzeichen, Liebeszauber, Satanskult. Neue Einblicke in alte Goethetexte. München 1982

Sengle, Friedrich: Neues zu Goethe. Essays und Vorträge. Stuttgart 1989

Trunz, Erich: Ein Tag aus Goethes Leben. Acht Studien zu Leben und Werk. München 1990

Literatur zu einzelnen Werken und Werkgruppen

LYRIK

Hofmann, Frank: Goethes ›Römische Elegien‹. Stuttgart 1993

Keller, Werner: Goethes dichterische Bildlichkeit. Eine Grundlegung. Darmstadt 1974

Killy, Walther: Wandlungen des lyrischen Bildes. Göttingen 1956 [u. ö.]

Kommerell, Max: Gedanken über Gedichte. Frankf./M. 1943, [4]1985

Lohner, Edgar (Hg.): Interpretationen zum ›West-östlichen Divan‹. Darmstadt 1973

Matt, Peter von: Die verdächtige Pracht. Über Dichter und Gedichte. München/Wien 1998

Reich-Ranicki, Marcel (Hg.): 1000 deutsche Gedichte und ihre Interpretationen. Bd. 2: Johann Wolfgang von Goethe. Frankf./M. 1994

Trunz, Erich: Goethes späte Lyrik. In: Ders.: Ein Tag aus Goethes Leben. München 1990, S. 147–166

Wild, Reiner: Goethes klassische Lyrik. Stuttgart/Weimar 1999

DRAMA

Hinderer, Walter (Hg.): Goethes Dramen. Interpretationen. Stuttgart 1992

Keller, Werner: Das Drama Goethes. In: Walter Hinck (Hg.): Handbuch des deutschen Dramas. Düsseldorf 1980. S. 133–156, 545–547

›FAUST‹

Faust-Bibliographie. Bearb. v. Hans Henning. 3 Tle. (in 5 Bdn). Berlin/ Weimar 1966–1976. Neudr. München 1984

Arens, Hans: Kommentar zu Goethes ›Faust I‹. Heidelberg 1982

Arens, Hans: Kommentar zu Goethes ›Faust II‹. Heidelberg 1989

Bohnenkamp, Anne: »Das Hauptgeschäft nicht außer Augen lassend«. Die Paralipomena zu Goethes Faust. Frankf./M. 1994

Emrich, Wilhelm: Die Symbolik von Faust II. [1943], Bonn [5]1981

Hölscher-Lohmeyer, Dorothea: Faust und die Welt. Der zweite Teil der Dichtung. […]. München 1975. Tb. München [dtv] 1977

Keller, Werner (Hg.): Aufsätze zu Goethes ›Faust I‹. Darmstadt [2]1984

Keller, Werner (Hg.): Aufsätze zu Goethes ›Faust II‹. Darmstadt 1989

Michelsen, Peter: Fausts Schlaf und Erwachen. Zur Eingangsszene von Faust II. In: Jb. d. freien dt. Hochstifts 1983, S. 21–61

Schlaffer, Heinz: ›Faust, Zweiter Teil‹. Die Allegorie des 19. Jahrhunderts. Stuttgart 1981

›IPHIGENIE AUF TAURIS‹

Angst, Joachim/Hackert, Fritz: J. W. Goethe: ›Iphigenie auf Tauris‹. Erläuterungen und Dokumente, Stuttgart 1969 [u. ö.]

Henkel, Arthur: ›Iphigenie auf Tauris‹. In: Benno von Wiese (Hg.): Das deutsche Drama. Vom Barock bis zur Gegenwart. Interpretationen. Düsseldorf 1958 [u. ö.]. Bd. I, S. 169–192

Pfaff, Peter: Die Stimme des Gewissens. Über Goethes Versuch zu einer Genealogie der Moral, vor allem in der ›Iphigenie‹. In: Euphorion 72 (1978), S. 20–41

Rasch, Wolfdietrich: Goethes ›Iphigenie auf Tauris‹ als Drama der Autonomie. München 1979

›TORQUATO TASSO‹

Borchmeyer, Dieter: Tasso oder das Unglück, Dichter zu sein. In: Dieter Kimpel (Hg.): Allerhand Goethe. Seine wissenschaftliche Sendung […]. Frankf./M. 1985, S. 67–88

Grawe, Christian (Hg.): J. W. Goethe: ›Torquato Tasso‹. Erläuterungen und Dokumente. Stuttgart 1981 [u. ö.]

Rasch, Wolfdietrich: Goethes ›Torquato Tasso‹. Die Tragödie des Künstlers. Stuttgart 1954

Wilkinson, Elizabeth M.: J. W. Goethe. ›Torquato Tasso‹. In: Benno von Wiese (Hg.): Das deutsche Drama vom Barock bis zur Gegenwart. Düsseldorf 1958 [u. ö.]. Bd. 1, S. 195–216

EPISCHE DICHTUNG

Blessin, Stefan: Die Romane Goethes. Königstein/Ts. 1979

Lützeler, Paul Michael/McLeod, James E.: Goethes Erzählwerk. Interpretationen. Stuttgart 1985 [u. ö.]

›DIE LEIDEN DES JUNGEN WERTHERS‹

Rothmann, Kurt (Hg.): J. W. Goethe. ›Die Leiden des jungen Werthers‹. Erläuterungen und Dokumente. Stuttgart 1971 [u. ö.]

Sauder, Gerhard: Subjektivität und Empfindsamkeit im Roman. In: Walter Hinck (Hg.): Sturm und Drang […] Kronberg/Ts. 1978, S. 163–175

›WILHELM MEISTER‹

Bahr, Ehrhard (Hg.): J. W. Goethe. ›Wilhelm Meisters Lehrjahre‹. Erläuterungen und Dokumente. Stuttgart 1982

Henkel, Arthur: Entsagung. Eine Studie zu Goethes Altersroman. [1954]. Tübingen 1964 [›Wanderjahre‹]

Pfaff, Peter: Plädoyer für eine typologische Interpretation von ›Wilhelm Meisters Lehrjahre‹. In: Text und Kontext 5 (1977) H. 2, S. 37–55

Schings, Hans-Jürgen: Wilhelm Meisters schöne Amazone. In: Jahrb. d. dt. Schillerges. 29 (1985), S. 141–206

Schlaffer, Hannelore: ›Wilhelm Meister‹. Das Ende der Kunst und die Wiederkehr des Mythos. Stuttgart 1980

Schlechta, Karl: Goethes ›Wilhelm Meister‹. Frankf./M. 1953. Neuausg. Frankf./M. 1985

›DIE WAHLVERWANDTSCHAFTEN‹

Adler, Jeremy: »Eine fast magische Anziehungskraft«. Goethes ›Wahlverwandtschaften‹ und die Chemie seiner Zeit. München 1987

Buschendorf, Bernhard: Goethes mythische Denkform. Zur Ikonographie der ›Wahlverwandtschaften‹. Frankf./M. 1986

Ritzenhoff, Ursula (Hg.): J. W. Goethe. ›Die Wahlverwandtschaften‹. Erläuterungen und Dokumente. Stuttgart 1982

Rösch, Ewald (Hg.): Goethes Roman ›Die Wahlverwandtschaften‹. Darmstadt 1975

AUTOBIOGRAPHISCHE SCHRIFTEN

Aichinger, Ingrid: Künstlerische Selbstdarstellung. Goethes ›Dichtung und Wahrheit‹ und die Autobiographie der Folgezeit. Bern 1977

Koranyi, Stefan: Autobiographik und Wissenschaft im Denken Goethes. Bonn 1984

Müller, Klaus-Detlev: Autobiographie und Roman. Studien zur literarischen Autobiographie der Goethezeit. Tübingen 1976

Niggl, Günter: Geschichte der deutschen Autobiographie im 18. Jahrhundert. […]. Stuttgart 1977

NATURWISSENSCHAFTLICHE SCHRIFTEN

Benn, Gottfried: Goethe und die Naturwissenschaften [1932]. In: Hans Mayer (Hg.): Goethe im 20. Jahrhundert. Frankf./M. 1990, S. 645–680

Glaser, Horst Albert (Hg.): Goethe und die Natur. Frankf./M. [u.a.] [2]1988

Krätz, Otto: Goethe und die Naturwissenschaften. München 1992

Kuhn, Dorothea: Typus und Metamorphose: Goethe-Studien. Marbach 1988

Noé-Rumberg, Dorothea: Naturgesetze als Dichtungsprinzipien. Goethes verborgene Poetik im Spiegel seiner Dichtungen. Freiburg 1993

Schöne, Albrecht: »Regenbogen auf schwarzgrauem Grunde«. Goethes Dornburger Brief an Zelter zum Tode seines Großherzogs. Göttinger Universitätsreden 65. Göttingen 1979

Schöne, Albrecht: Goethes Farbentheologie. München 1987

Rezeption

Leppmann, Wolfgang: Goethe und die Deutschen. Der Nachruhm eines Dichters im Wandel der Zeit und der Weltasnschauungen. [1963]. Neuaufl. Berlin 1998

Mandelkow, Karl Robert (Hg.): Goethe im Urteil seiner Kritiker. Dokumente zur Wirkungsgeschichte Goethes in Deutschland. 1773–1982. 4 Bde. München 1975–1984

Mandelkow, Karl Robert: Goethe in Deutschland. Rezeptionsgeschichte eines Klassikers. 2 Bde. München 1980, 1989

Register

Bildnachweis

Abtei St. Bonifaz, München 83
Anja Höfer, Heidelberg 40, 74
Archiv für Kunst und Geschichte, Berlin 20
Bildarchiv Preußischer Kulturbesitz, Berlin 13
Freies Deutsches Hochstift, Frankfurter Goethe-Museum 2, 5, 31, 53, 81, 82, 88
Goethe-Museum, Düsseldorf 28, 65, 72, 87 (Foto: Walter Klein)
Hamburger Kunsthalle 73
Heinrich-Heine-Institut, Düsseldorf 19
Historisches Archiv der Stadt Wetzlar 27
Historisches Museum Frankfurt/Main 7
Kunsthistorisches Museum, Wien 6
Landesbibliothek Weimar 96
Musée du Louvre, Paris 51
Nationalgalerie, Parma 49
Pinacoteca Nazionale, Bologna 48
Privatbesitz 26
Schiller-Nationalmuseum/Deutsches Literaturarchiv, Marbach am Neckar 66
Städelsches Kunstinstitut, Frankfurt/Main 1, 52
Stadtarchiv Weimar 61, 94
Stiftung Weimarer Klassik 3, 4, 8, 14, 17, 18, 21, 23, 24, 25, 29, 30, 33, 35, 38, 39, 41, 42, 43, 44, 46, 50, 54, 55, 56, 58, 59, 60, 62, 63, 67, 68, 77, 78, 80, 85, 86, 92, 95, 98, 99, 100, 101, 102
Thüringer Universitäts- und Landesbibliothek, Jena 57
Ullstein Bilderdienst, Berlin 12

Die Rechte der hier nicht aufgeführten Abbildungen konnten leider nicht ermittelt werden. Berechtigte Ansprüche werden selbstverständlich angemessen abgeglichen.